バターのかわりに植物性オイルを使う

## パティスリーのための
## バター不足対応レシピ

お菓子にバターのリッチで奥深い風味や芳香は欠かせません。それだけにパティスリーにとって、近年の恒常的なバター不足は深刻です。

　昨秋、太白胡麻油のメーカーさんから「植物性オイルでお菓子をつくる」コラボレーションの依頼を受けました。折しも年末に向けてバター不足が業界内外で取り沙汰されていた時期と重なり、もしバターが手に入らない状況になった場合、他の油脂をどのように使えばよいのかを僕なりに考えたことが、本書をつくることになったきっかけです。

　そしてやってきたクリスマスシーズン。一番の繁忙期に十分な量のバターが手に入らない事態が突如訪れ、バター不足を痛感することになりました——。

　本書はバター不足の状況下で、いかに工夫を凝らしてお菓子の品質を保つかをテーマとしています。そのために必要なのが、植物性オイルの存在です。レシピはバターの全量を植物性オイルに切りかえたものもあれば、バターの配合率を減らして一部を植物性オイルで代替したレシピもあります。植物性オイルを無理やり使うことはせず、あくまでバターを使うのと同じ味のレベルを維持した上で、自由な発想で植物性オイルを使いました。また、フランス菓子はそもそもバターが豊富にあるフランスのお国柄を背景に生まれたものなので、そのルーツに対するリスペクトの気持ちは忘れないように心掛けました。

　本書の40品のレシピがバター不足を乗り切るヒントになればうれしいです。

レザネフォール　菊地賢一

# 目次

・ケーキやパーツ名のあとに表記しているのは、[使用した油脂]です。使用した油脂はあくまで一例なので、香りや風味のバランスを考えた上で、使いやすい油脂を用いることをおすすめします。

## 第I章
### バターのかわりに植物性オイルを使う　6

## 第II章
### パーツから生まれるレシピ　18

### スポンジ生地　20

ベースのスポンジ生地　21
[太白胡麻油]

ベリーのショートケーキ　20・22
[太白胡麻油]

マーブルガナッシュケーキ　24
[太白胡麻油]

トロピカルロールケーキ　26・28
[ココナッツオイル50％＋太白胡麻油50％]

抹茶ロールケーキ　27・28
[太白胡麻油]

ビュッシュ・ド・ノエル　30
[バター50％＋ヘーゼルナッツオイル25％
＋太白胡麻油25％]

### シュー生地　32

ベースのシュー生地　33
[バター50％＋太白胡麻油50％]

シュークリーム　32・34
[バター50％＋太白胡麻油50％]

サランボ　34
[バター50％＋太白胡麻油50％]

米粉のシュー生地　34
[太白胡麻油]

クレーム・パティシエール　35
[太白胡麻油]

イチゴのエクレール　36
[バター50％＋太白胡麻油50％]

プロフィトロール　38
[バター50％＋太白胡麻油50％]

### サブレ生地　40

ベースのサブレ生地　41
[バター75％＋太白胡麻油25％]

イチゴのタルト　42
[バター75％＋太白胡麻油25％]

柿のタルト　44
[バター75％＋太白胡麻油25％]

ココナッツサブレ　46
[バター50％＋ココナッツオイル50％]

セサミサブレ　48
[バター70％＋白練りごま22％＋太白胡麻油6％]

ディアマン　50
[バター75％＋太白胡麻油25％]

キノコのキッシュ　52
[バター75％＋オリーブオイル25％]

## 焼き菓子　54

**晩柑のパウンドケーキ　54**
[バター50％＋太白胡麻油50％]

**ティグレ　56**
[太白胡麻油]

**ティグレのアレンジ（オレンジ）　58**
[太白胡麻油]

**ティグレのアレンジ（チョコレート）　58**
[太白胡麻油]

**マドレーヌ　58**
[太白胡麻油]

**キャロットケーキ　60**
[グレープシードオイル]

## シフォンケーキ　62

**クルミのシフォン　62**
[クルミオイル80％＋太白胡麻油20％]

**オリーブのシフォン・サレ　64**
[オリーブオイル]

## クルスティヤン　66

**シュトゥルーデル生地　67**
[太白胡麻油]

**リンゴのシュトゥルーデル　68・70**
[太白胡麻油、クルミオイル]

**クルスタッド・ポム　69・71**
[太白胡麻油、クルミオイル]

**リンゴのパイ仕立て　72**
[太白胡麻油]

**マロンのパイ仕立て　74**
[太白胡麻油]

## ショコラ　76

**フランボワーズのボンボン・ショコラ　76**
[太白胡麻油]

**オレンジのトリュフ・ショコラ・ブラン　78**
[太白胡麻油]

# 第Ⅲ章

## プティ・ガトーから発想するレシピ　80

**ピスタッシュ・グリオット　80・82**
[太白胡麻油]

**トランシュ・オ・フリュイ　84・86**
[バター、太白胡麻油]

**フォレ・ノワール　85・87**
[太白胡麻油]

**ノワゼット・カフェ　88・90**
[ヘーゼルナッツオイル、太白胡麻油]

**ヴェリーヌ・カシス　89・91**
[マカダミアナッツオイル、太白胡麻油]

## 基本パーツのつくり方　92

つくる前に
・生クリームはとくに明記がないものは「乳脂肪分38％」です。
・小麦粉などの粉類はふるっておきます。材料欄でカッコで
　くくっているものは合わせてふるいます。
・オーブンは予熱しておきます。温度や焼成時間は目安です。
　本書ではデッキオーブン（平窯）もコンベクションオーブンも
　使用しています。
・ミキサーの撹拌時間などは目安です。

編　集　　横山せつ子
撮　影　　大山裕平
デザイン　筒井英子

第1章

バターのかわりに植物性オイルを使う

## バターと植物性オイルの違いは何か？

　同じ油脂でも、バターと植物性オイルは特徴が異なります。まずそれらについてみてみましょう。

| | |
|---|---|
| バター | ・原料は牛乳、つまり動物性脂肪。<br>・常温で固体（ただし15℃前後で可塑性を示し、30℃前後で溶けはじめる）。<br>・焼成などの工程により、乳由来の芳香が立つ。独特の風味がある。<br>・冷蔵保存。使用時に目的に適した硬さ・状態にする。 |
| 植物性オイル | ・原料は種子やナッツ、果実など、つまり植物性脂肪。<br>・常温で液体（一部違うものもあり）。<br>・製菓に用いやすい植物性オイルは、加熱によってもそれほど香りが立たない。原料素材由来のコクやうまみはあるが、味自体はほぼしない。<br>・常温保管。そのまま使うことができる。 |

　製菓に用いる場合の大きな違いは、「バターは固形油脂」で、「植物性オイルは液体油脂」であることです。たとえばシフォンケーキは製菓ではめずらしく植物性オイルを使いますが、それは植物性オイルは液体油脂なので常温もしくは冷蔵下でも固体化しないため、ふんわりと焼きあがった生地が締まることなく、ソフトな状態を維持するためといわれます。一方、バターには製菓特性としてショートニング性、クリーミング性、可塑性があり、これらをうまく利用してパイ生地やタルト生地、バターケーキ生地などはつくられます。

　バターと植物性オイルは性質が違うもので、バターから植物性オイルにかえてお菓子をつくる時には、バターにしかないできないことがある、バターの役割を植物性オイルで代替できる（すべて代替、もしくは一部代替などの度合いの違いあり）、バターと植物性オイルで味は変わるが製菓物性はほぼ変わらない、などを見極めることが大切です。

　本書はバターの良いところを十分に知りながら、その良さを植物性オイルで全量、もしくは一部代替するという視点に立っています。

## 植物性オイルの中で製菓に適しているオイルは？

　本書で用いた植物性オイルは、太白胡麻油、米油、オリーブオイル、グレープシードオイル、ヘーゼルナッツオイル、クルミオイル、マカダミアナッツオイル、ココナッツオイルです。
　植物性オイルは何十種類もあり、健康面での機能性なども多様ですが、これらのオイルを選んだ理由は下記の通りです。

- 入手しやすい。
- バターと同等程度の価格。
- ケーキの持ち味をそこなわないよう、色がなく透明で、香りや風味がほとんどないもの。
- ナッツや種子のうまみやコクをもち、バターとは異なるが、引けをとらぬ豊かな風味を醸しだすもの。
- 高温の焼成工程に耐える、優れた抗酸化性をもつ

　もちろん本書で使ったオイル以外は製菓に適していないというわけではありません。ピーナッツオイル、ピスタチオイル、パンプキンシードオイル、松の実オイル…など使ってみたいオイルはたくさんあります。経験上使い勝手のよい植物性オイルがあれば、そちらを使ってもかまいません。一方、良質なオイルでも加熱による酸化に弱いオイル（亜麻仁オイル、えごまオイルなど）は焼成をともなう製菓には不向きです。
　本書では、バターを使わない不足感を食べ手にイメージさせないという観点から、そしてトランス脂肪酸を多く含むという点から、精製されたサラダ油、マーガリン、コンパウンド・マーガリン、ショートニングは使用しませんでした（トランス脂肪酸に関しては欧米などでは使用の可否や表示義務などが設けられていますが、日本では現状の食生活では摂取量が少ないため、それほど危険視されていない状況です）。

## 本書で使ったオイルの大まかな特徴

　本書で使った植物性オイルを大まかに製菓上の特徴別に分けてみましょう。
「太白胡麻油」と「米油」はとても汎用性が高く、オールマイティに使えるオイルです。対して「ヘーゼルナッツオイル」「クルミオイル」「マカダミアナッツオイル」「グレープシードオイル」などは、ごくほんのりではありながら、原料由来の風味があります。そのため、それぞれのナッツなどを生かしたお菓子では味のベースアップに使えます。はっきりとした味や香りがでることはありませんが、太白胡麻油や米油とともに配合すると、奥深い味わいと軽さの両方を表現することができます。
「オリーブオイル」は総じて植物性オイルの中では風味がはっきりとしているので、トレトゥールやサレ系に生かすといいでしょう。「ココナッツオイル」も風味が強いので、ココナッツ系のお菓子の風味のベースアップに使うといいでしょう。

| | |
|---|---|
| オールマイティなオイル | **太白胡麻油 ／ 米油**<br>ほぼ無味無香で、粘性もほとんどなくサラリとしているので、製菓に広範に使用できる。 |
| 奥深い風味があるオイル | **ヘーゼルナッツオイル ／ クルミオイル**<br>**マカダミアナッツオイル ／ グレープシードオイル**<br>総じてナッツや種子由来のコクやうまみがある。目立った風味や香りはでないが、お菓子の味わいに奥深さや複雑味をだすことができる。製品によって差が大きいので、オイルの試飲、焼成後の香りの出方などは要チェック。 |
| 際立った特徴があるオイル | **オリーブオイル ／ ココナッツオイル**<br>明らかな特徴がある風味と香りなので、用途は限られる。良質なオイルとして知られるので、うまく利用したい。 |

# 植物性オイルにはうまみやコクがある

　本書で使った植物性オイルは、色は透明で、味も香りもほぼありません。それは製菓に使うという性質上、卵や小麦粉といった他の素材をじゃましないオイルを選んだためです。
　ところが、良質な植物性オイルは味や香りはしなくても、原料のナッツや種子のコクやうまみがあります。本書でよく使っている太白胡麻油（生搾りの透明なごま油→P14）とサラダ油を比較した味覚チャートをみるとそれが明らかです。
　太白胡麻油は複雑さが少なくクリアな味わいですが、まろやかでコクがあります。一方、サラダ油は全体的に呈味がおだやかです。また参考までに植物性オイルの中では風味がはっきりしているオリーブオイルもみてみると、明らかに味に特徴があることがわかります。無味のようでいて、植物性オイルにもいろいろな風味があるのです。

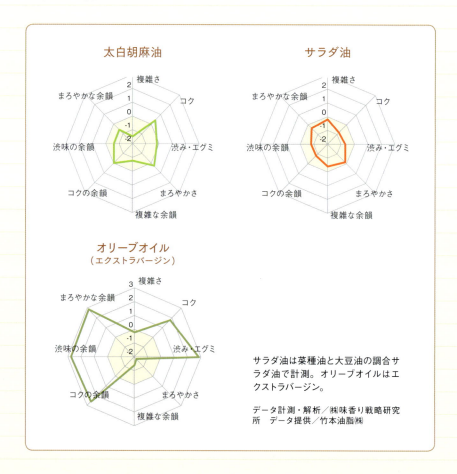

サラダ油は菜種油と大豆油の調合サラダ油で計測。オリーブオイルはエクストラバージン。

データ計測・解析／㈱味香り戦略研究所　データ提供／竹本油脂㈱

# 植物性オイルの栄養

　本書で使用した植物性オイルから3種類と、参考までに無塩バターの栄養成分表（抜粋）を下記にまとめました。

　植物性オイルのエネルギーは100g当たり約900kcal（＝1g当たり約9kcal）。これは下記の3種類の植物性オイル以外もすべて同じです。ちなみにバターは100g当たり約760kcal（＝1g当たり約7.6kcal）。また植物性オイルの脂質は100gですが、コレステロールはゼロ（もしくは少量）です。

可食部100g当たり　「日本食品標準成分表2010」より抜粋

| | エネルギー | 水分 | タンパク質 | 脂質 | 炭水化物 | カルシウム | ビタミンE | コレステロール |
|---|---|---|---|---|---|---|---|---|
| | kcal | （............ g ............） | | | | （...... mg ......） | | |
| オリーブオイル（エクストラバージン） | 921 | 0 | 0 | 100.0 | 0 | 微量 | 8.9 | 0 |
| ごま油 | 921 | 0 | 0 | 100.0 | 0 | 1 | 44.8 | 0 |
| 米油 | 921 | 0 | 0 | 100.0 | 0 | 微量 | 30.8 | 0 |
| 無塩バター | 763 | 15.8 | 0.5 | 83.0 | 0.2 | 14 | 1.5 | 220 |

　植物性オイルの特徴は、脂肪酸組成の割合によって変わります。ごく簡単にまとめると次のようになります。

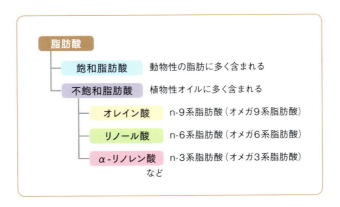

　脂肪酸は「飽和脂肪酸」と「不飽和脂肪酸」とに分かれます。飽和脂肪酸は肉類や乳製品など動物性の脂肪に多く含まれ、摂りすぎは健康によくないといわれています。

一方、不飽和脂肪酸は植物性オイルや青魚に多く含まれ、生活習慣病の予防などにいいといわれています。
　近年はとくに不飽和脂肪酸の中でも、酸化しにくいオレイン酸の注目度が高く、オレイン酸を豊富に含むことは油脂の抗酸化性のひとつの指標となります。一方、ひところ健康にいいといわれたリノール酸はむしろ摂取過剰による影響が心配されて控える傾向にあります。リノール酸は酸化しやすいことも特徴です。
　n-3系脂肪酸は体によいといわれていますが、代表的なのがα-リノレン酸や、青魚に含まれるDHA、EPAなど。α-リノレン酸は亜麻仁オイルやえごまオイルといった植物性オイルに豊富に含まれますが、残念ながら加熱に弱いため製菓には適していません。

## 製菓における抗酸化性

　オイルのよしあしを判断するひとつの目安は、抗酸化性に優れているかどうかです。
　酸化とは、油脂が空気、光、温度などによって劣化し、不快なにおいや風味をだすこと。オイル単体の状態（調理前）でも、お菓子になって以降（調理後）でも酸化は進み、なんとなく油っぽく感じたり、油くさかったりするのは、酸化劣化が起きている合図です。高温で焼成する工程があるお菓子は酸化しやすく、焼成後、長い期間販売する焼き菓子はとくに酸化には気をつけないとなりません。
　酸化しにくいオイルを選ぶ指標としては、オレイン酸を多く含んでいること、ビタミンEを豊富に含むこと、抗酸化物質が多く含まれていることがあげられます。たとえばオリーブオイルはオレイン酸が脂肪酸中の約75％も含まれているため、抗酸化性に優れます。また、ごま油は抗酸化成分のゴマリグナンを含むため、高い抗酸化性を発揮します。
　植物性オイルは目に見えて腐敗したり、カビたりすることはありませんが、開栓後は酸化が進みます。栓はしっかりと閉め、オーブンの近くなど高温のところには保管しないようにします。また、使用する量があまり多くない場合は、小さめの容量で仕入れて常に新しいオイルを使うようにすることをおすすめします。ナッツ系のオイルはとくに酸化しやすいものもあるので十分に注意します。

# バターから植物性オイルに代替する際のポイント

　バターから植物性オイルにかえると、総体的に味わいがさっぱりとする傾向があります。ですが、さっぱりとはいっても、ナッツなどのうまみやコクはあるので淡泊な印象にはならないことが植物性オイルの良さといえます。バターを満足に使えない状況を逆手にとって、新たにおいしいお菓子をつくることは十分に可能です。
　既存の配合のバターを植物性オイルにかえる場合、下記のポイントを押さえるとよいでしょう。

- 既存のバターの配合の半量を植物性オイルにかえてみる。この程度から試作をスタートすると失敗が少ない。

- もっとも無味無香・無色でニュートラルなオイルとして使えるのは、太白胡麻油と米油。この2つのオイルはお菓子に使ってもほぼ違いはない。本書で太白胡麻油を使用しているお菓子は、米油でも同様につくることができる。

### 同じ配合でつくった太白胡麻油と米油のスポンジ生地

太白胡麻油　　　　　　　米油

P21「スポンジ生地」の配合・つくり方で比較。焼き色、風味・香り、テクスチャーともにほぼ同じ焼きあがり。

- 太白胡麻油や米油をベースのオイルとして使い、お菓子のイメージや味わいに合わせてナッツ系のより濃厚な風味のオイルを合わせて使うとバリエーションが広がる。

- 植物性オイルは常温で保管。冬季などかなり温度が下がる場合には、白い沈殿物がみられたり濁ったりすることがあるが、品質には問題なく、温度が上がれば元にもどる。製菓に使う際には、アパレイユの温度を急激に下げたりしないよう、常温程度であることが望ましい。

## 本書で使った植物性オイル　*Huile végétale*

　本書で使った植物性オイルはほんの一例ですが、それぞれの特徴を簡単にまとめます。
　各オイルともに銘柄・製品によって色合いや粘度、風味・香りなどには差があり、オーガニックやコールドプレス（低温圧搾法）など製法にも違いがあるため、あくまで目安としてください。参考までに各オイルのおもな脂肪酸組成表も記載します。植物性オイルにもさまざまなものがあり、使い分けて使う価値があることがよくわかります。

※脂肪酸組成表は㈶日本油脂検査協会のデータをもとに作成。

### 太白胡麻油　*Huile de sésame*

ごまを生搾りした無色透明なごま油で、茶色く香ばしいごま油（ごまを焙煎してから搾る）とは別物。ほぼ無味無香だが、ごま由来のうまみとコクがある。粘性はほとんどなくサラリとしている。ごまのみに含まれる抗酸化成分ゴマリグナンが豊富なため、植物性オイルの中でもとくに抗酸化性が高い。他の素材の持ち味をじゃませず、焼成後の酸化劣化が進みにくいため製菓に適したオイルといえ、オールマイティに用いることができる。

※太白は登録商標なので、生搾りごま油などの名称で呼ばれることもある。

## 米油　*Huile de riz*

米ぬかから抽出。オレイン酸、ビタミンEのトコトリエノール、さらに米ぬか由来のポリフェノールであるγ-オリザノールを含むため、加熱に対する酸化安定性が高い。色合いは透明ながら淡い黄金色を帯びている。サラッとして、ほぼ無味無香。うまみとコクがあり、素材の持ち味をじゃましない。太白胡麻油と同様にさまざまなお菓子にオールマイティに使える（本書で太白胡麻油を使用している配合は、米油に同量で置き換えてもOK）。米が原料なため、国産素材使用を訴求できるのも強み。

その他
飽和脂肪酸 20％
リノレン酸 1.2％
リノール酸 34.2％
オレイン酸 43.7％

## オリーブオイル　*Huile d'olive*

オリーブの果実から抽出。独特の香りと風味があるため、製菓で使えるシーンは少ないが、サレのアイテムやトレトゥールなどで活用したい。本書ではキノコのキッシュ→P52や、オリーブのシフォン・サレ→P64に使っている。ハーブやトリュフのアロマがあるオリーブオイルも使うことができる。とくにエクストラバージンは香りも風味も強く多彩だが、製菓には他の素材に対して突出しないおだやかな持ち味の製品が使いやすい。酸化しにくいオレイン酸を脂肪酸組成中約75％含むため、酸化に強いのがメリット。

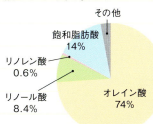

その他
飽和脂肪酸 14％
リノレン酸 0.6％
リノール酸 8.4％
オレイン酸 74％

## グレープシードオイル　*Huile de pépins de raisin*

ブドウの種子から抽出。おもにイタリア、フランス、スペイン、チリ産などが輸入されている。リノール酸を多く含むが、ビタミンEや抗酸化物質のポリフェノールを多く含むため、加熱調理に強く、ヘルシーなオイルとして知られている。色合いは透き通った濃い緑色から淡い黄色までさまざま。サラリとして、ほぼ無味無香でさっぱりとしている。本書ではサラダにかけるイメージから、キャロットケーキ→P60に使用した。

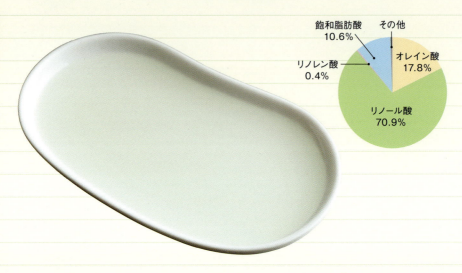

## ヘーゼルナッツオイル　*Huile de noisette*

ヘーゼルナッツを搾油。オレイン酸豊富。ヘーゼルナッツに通じる濃厚で芳しく上品な風味がある。本書ではビュッシュ・ド・ノエル→P30のスポンジ生地やヘーゼルナッツのクレーム・オ・ブールなどに使用。ヘーゼルナッツを使うお菓子に使うと相乗効果で奥深い風味となり、味わいの余韻が長くなる。

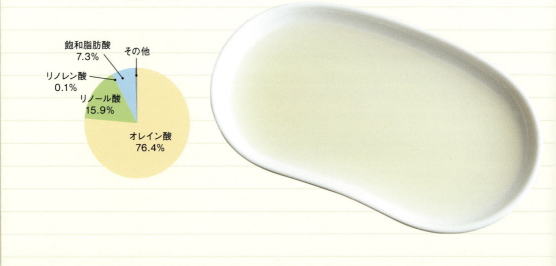

## クルミオイル　*Huile de noix*

クルミから搾油。クルミそのままの豊かなうまみがあり、ナッツ系オイルの中でも風味が強い。ナッツ系オイルに共通だが、同じナッツを使うお菓子に合わせると味に奥深さがでる。クルミのシフォン→P62やリンゴのシュトゥルーデル→P68でも味わいの余韻が長くなる効果を狙っている。

## マカダミアナッツオイル　*Huile de macadamia*

マカダミアナッツから搾油し、濃厚なコクがある。オレイン酸が豊富なだけでなく、マカダミアナッツ特有のパルミトレイン酸などの不飽和脂肪酸が83％も含まれ、酸化しにくい。

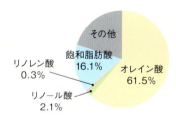

## ココナッツオイル　*Huile de coco*

ココナッツの果肉を圧搾。おもにフィリピン、タイ、インドネシア産。中鎖脂肪酸を多く含むのが特徴で、体内での分解燃焼スピードが早いため体脂肪として蓄積されにくいといわれる。他にも健康面での効能が多いといわれ、近年脚光を浴びている。25℃以下では白く固まった状態なので、通常はポマード状のバターに近い硬さで使うことになるため、ココナッツサブレ→P46など、サブレ生地にも練り込みやすい。上品ながらココナッツの風味がするので、配合量でバランスをとることが必要。

# 第II章
## パーツから生まれるレシピ

植物性オイルの特性を生かすことができるパーツは何かを考え、それらのパーツを発想の起点としてケーキをつくりました。総じて植物性オイルを使うとあっさりする傾向がありますが、その特徴を生かしてさっぱりとした方向性とするか、もしくは他の素材で補強して味のトーンを上げることも可能です。配合を調整するにあたっては、バターと植物性オイルの風味や香り、油脂としての物性の違いを知ることが必須です。

スポンジ生地

*Gâteau aux Fraises et Chantilly*
ベリーのショートケーキ

# ベースのスポンジ生地　　太白胡麻油

ショートーケーキに使うスポンジ生地は、バターの風味自体はそれほど必要としないので、バター不足に対応して植物オイルに切り替えても、味の品質を保つことができるパーツです。パータ・ジェノワーズとシフォンケーキの中間をイメージし、軽さの中にも、しっかりとした生地の骨格がある配合としています。パータ・ジェノワーズよりもメレンゲを多くして軽さを意識し、ハチミツやトレハロースで保湿。シフォンケーキよりも小麦粉の割合を増やし、フィリングやクリームをサンドしてもヘタれない生地をつくります。しっとり、ふわふわ、もっちりと弾力のある、日本で愛される口当たりのスポンジです。

**材料　直径15cm丸型6台分**

- A
  - 卵黄　210g
  - グラニュー糖　35g
  - トレハロース　5g
  - ハチミツ　18g
  - バニラビーンズ　少量
- B
  - 太白胡麻油　120g
  - 牛乳　60g
  - バニラオイル　0.5g
- C
  - 卵白　390g
  - グラニュー糖　130g
  - トレハロース　30g
- 薄力粉　220g

**下準備**
・型の底と側面に紙を敷く。

**1** Aを泡立てる。パータ・ボンブをつくるイメージだが、湯煎をしないのでゆるめのリュバン状になる[a]。

**2** Bの太白胡麻油と牛乳、バニラオイルを合わせて人肌に温めておく[b]。

**3** Cでメレンゲをつくる。はじめから材料すべてを入れて泡立て、緻密でしっかりとしたメレンゲにする[c]。

**4** 1をボウルに移し、3のメレンゲを一度に加え、ゴムベラで底から返すようにさっくりと混ぜ合わせる[d]。

**5** メレンゲが混ざりきらないうちに、薄力粉を少しずつ加え、強めにしっかりと混ぜる[e・f]。ここでツヤが出るまできちんと混ぜないと、焼成後に生地が大きく沈んでコシ折れしてしまう。

**6** 2に5の生地をひとすくい入れて泡立て器で混ぜ[g]、これを5に加えて混ぜる[h]。

**point** 溶かしバターよりも植物性オイルのほうが粘性が少ないため早く拡散するので、混ぜる回数が少なくてすみ、それだけ生地の気泡をつぶしにくい。

**7** 型に200gずつ入れる[i・j]。170℃のオーブンで30〜40分焼く。焼きあがったら、すぐに型からだして網の上で逆さまにして冷まし、粗熱がとれたらもう一度上下を返して完全に冷ます。

スポンジ生地

# ベリーのショートケーキ　太白胡麻油

P21のプレーンなスポンジ生地でつくるベリーのショートケーキ。生地がとてもソフトで口溶けがいいので、クレーム・シャンティイは乳脂肪分が低い生クリームで軽く仕上げます。このスポンジ生地はしっとりしているのでアンビベせずに、アルコールの香りを添えたい場合はむしろクレーム・シャンティイにキルシュ酒やオレンジリキュールを入れたほうがよいハーモニーになります。

**材料　直径15cm丸型1台分**

| | |
|---|---|
| スポンジ生地→P21 | 1台 |
| クレーム・シャンティイ→P92 | 約250g |
| イチゴ、好みのベリー | 適量 |
| クラクラン→P93 | 適量 |
| フランボワーズジャム | 適量 |
| ピスタチオ（スライス） | 適宜 |

1. スポンジ生地の上下の焼き面を波刃包丁で切り落とし、厚さ1cmに3枚スライスする。
2. スポンジ生地3枚でクレーム・シャンティイとイチゴ、ベリーをサンドする。
3. 上からラップをかぶせ、両手で生地の縁のほうを押さえてドーム状に形を整える [a・b]。
4. クレーム・シャンティイでナッペする [c・d]。下部にクラクランをつけ、イチゴに加熱したフランボワーズジャムをつけて飾り、ベリーも添える。ピスタチオをあしらう。

 a
 b
 c
 d

## スポンジ生地の展開
生地やフィリングの風味に合わせてオイルをアレンジ

| 生地 | | 焼成 | レシピ |
|---|---|---|---|
| 太白胡麻油のスポンジ生地 | | [プレーン・丸型で焼成] | ベリーのショートケーキ →P20 |
| 太白胡麻油のスポンジ生地 | ＋ チョコレート | [マーブル・丸型で焼成] | マーブルガナッシュケーキ →P24 |
| ココナッツオイル50％＋太白胡麻油50％のスポンジ生地 | | [ココナッツフレーバー・天板で焼成] | トロピカルロールケーキ →P26 |
| 太白胡麻油のスポンジ生地 | ＋ 抹茶 | [抹茶フレーバー・天板で焼成] | 抹茶ロールケーキ →P27 |
| バター50％＋ヘーゼルナッツオイル25％＋太白胡麻油25％のスポンジ生地 | | [プレーン・天板で焼成] | ビュッシュ・ド・ノエル →P30 |

*Gâteau aux Fraises et Chantilly*

スポンジ生地

*Gâteau Marbré au Chocolat*
マーブルガナッシュケーキ

# マーブルガナッシュケーキ　太白胡麻油

プレーンなスポンジ生地をアレンジした、チョコレートマーブルスポンジ。このスポンジ生地ならではのしっとりとしたみずみずしいテクスチャーを生かすため、チョコレートはあえてムラを残して混ぜ込み、"生チョコ入り"のような状態に焼きあげます。生地とチョコレートがともにしっとりとしてハーモニーがよく、クリーミーなガナッシュともよく合います。

### 材料　直径15cm丸型6台分

マーブルスポンジ生地
　P21「スポンジ生地」と同じ材料
　生クリーム　50g
　ブラックチョコレート（カカオ分58％）　50g
　ココアパウダー　25g
ガナッシュ
　ブラックチョコレート（カカオ分66％）　500g
　生クリーム　460g
　転化糖（トリモリン）　30g
　グラニュー糖　60g
　太白胡麻油　70g
チョコレート・コポー
　ブラックチョコレート（カカオ分58％）　100g
ココアパウダー　適量

### 下準備
・型の底と側面に紙を敷く。

1. P21「スポンジ生地」1〜6と同様にする。
2. 生クリームを沸騰させ、チョコレートに加えて混ぜて乳化させ、ココアパウダーも加えて混ぜる。
3. 2に1の生地をひとすくい加えてゴムベラで混ぜ合わせ[a]、これを1にもどして3、4回だけ混ぜてマーブル状にする[b]。

   **point** チョコレートはムラがある状態に混ぜる。

4. 「スポンジ生地」7と同様にする[c・d]。
5. 上下の焼き面を波刃包丁で切り落とし、厚さ1cmに3枚スライスする。
6. ガナッシュをつくる。生クリームと転化糖を合わせて沸騰させる。グラニュー糖をキャラメリゼして火をとめ、沸かした生クリームを加えてのばす。これをチョコレートに一度に加え、しばらくおいてチョコレートに熱がつたわって表面が柔らかくなってきたら、中央を混ぜて乳化させる。太白胡麻油を2回に分けて加えて混ぜる。さらにハンドブレンダーで撹拌してしっかりと乳化させる。ガナッシュのつくり方のポイントは→P76「フランボワーズのボンボン・ショコラ」。
7. 5のスポンジ生地3枚で6のガナッシュをサンドする。表面全体にもガナッシュをナッペする。
8. チョコレート・コポーをつくる。チョコレートを溶かし、30℃に調整する。大理石の台上に流し、L字パレットでごく薄くのばし広げる。固まったら、三角パレットで帯状にはがしとる。
9. 7の側面に8のチョコレートコポーを貼りつけ、上面にものせて飾る。ココアパウダーをふる。

| スポンジ生地 |

# Rouleau Tropical
**トロピカルロールケーキ**

スポンジ生地にバターを使わず植物性オイルを使うメリットは、生地やフィリングなどに配合する他の素材の香りや風味をマスキングせず、前面に引きだす効果があることです。プレーンな生地ならば、クリームやフィリングの味わいをストレートに表現できます。また、生地自体も抹茶などのフレーバーをクリアにすることができます。これらのメリットを生かし、生地を天板で焼きあげてロールケーキに仕立てました。

*Rouleau au Matcha*
抹茶ロールケーキ

> スポンジ生地

## トロピカルロールケーキ
**ココナッツオイル50％＋太白胡麻油50％**

ココナッツオイルでトロピカルなフレーバーをだしたスポンジ生地。ココナッツオイルだけでつくると風味が強くなるので、太白胡麻油と同割で配合します。イチゴなどのベリーや柑橘類も合います。

**材料　16cm長さ4本分**
スポンジ生地→P21　全量
　ただし太白胡麻油120gを
　［ココナッツオイル60g＋太白胡麻油60g］にする
クレーム・シャンティイ・ココ
　クレーム・シャンティイ　600g
　　→P92（生クリームは乳脂肪分42％）
　ココナッツピューレ　100g
　ココナッツリキュール　少量
　バニラエッセンス　少量
マンゴーリキュール　適量
マンゴー　適量
（アップルマンゴー、ペリカンマンゴー、グリーンマンゴー）
粉糖　適量

**下準備**
・天板に紙を敷く。

1 P21「スポンジ生地」1〜6と同様にする。天板に流して軽く均し、200℃のオーブンで約10分焼く。焼きあがったら、すぐに天板からはずして冷ます。半分にカットする（30cm×40cm）。

2 8分立てのクレーム・シャンティイをつくり、ココナッツピューレ、ココナッツリキュール、バニラエッセンスを加えて混ぜる。

3 1の生地を紙の上に焼き面を上にして横長に置き、マンゴーリキュールを打つ。2のクレーム・シャンティイ・ココを全体にぬる。約2cm角にカットしたマンゴーを手前3cmのところから3列並べる。手前から巻く。

4 冷蔵庫で締めてから、両端を切り落とし、2等分にカットする。粉糖をふる。

## 抹茶ロールケーキ
**太白胡麻油**

太白胡麻油でつくるプレーンなスポンジ生地にフレーバーを加えると、バターを配合した生地よりも香りを十分に引きだすことができます。アールグレイなどの紅茶、プーアールなどの中国茶、そば茶もおすすめです。

**材料　16cm長さ4本分**
スポンジ生地→P21　全量
　抹茶　20g
　グラニュー糖　20g
　牛乳　40g
クレーム・シャンティイ→P92　600g
　ウオッカ　少量
　バニラエッセンス　少量
ウオッカ　適量
栗のシロップ煮、栗の渋皮煮　各適量
かのこ大納言　適量
粉糖　適量

**下準備**
・天板に紙を敷く。

1 P21「スポンジ生地」1〜6と同様にする（ただし、抹茶とグラニュー糖、牛乳を練り合わせてペーストをつくり、これを1のできあがりに加えて混ぜる）。天板に流して軽く均し、200℃のオーブンで約10分焼く。焼きあがったら、すぐに天板からはずして冷ます。半分にカットする（30cm×40cm）。

2 8分立てのクレーム・シャンティイをつくり、ウオッカ、バニラエッセンスを加える。

3 1の生地を紙の上に焼き面を上にして横長に置き、ウオッカを打つ。2を全体にぬる。

4 手前3cmのところから栗のシロップ煮と渋皮煮を1列ずつ並べる。残りのところにかのこ大納言をちらす。手前から巻く。

5 冷蔵庫で締めてから、両端を切り落とし、3等分にカットする。粉糖をふる。

**point** バターを配合した生地よりも生地の色が白く焼きあがるので、抹茶などの色合いも鮮やかにでる。

**point** プレーンなスポンジ生地に茶葉などを加える場合は、茶葉が生地の水分を吸水することを計算し、配合の牛乳を増やしたり、太白胡麻油を増やして保湿したりする必要がある。

*Rouleau Tropical*
*&*
*Rouleau au Matcha*

スポンジ生地

*Bûche de Noël*
ビュッシュ・ド・ノエル

# ビュッシュ・ド・ノエル | バター50％＋ヘーゼルナッツオイル25％＋太白胡麻油25％

クリスマスケーキとして、リッチな味わいのヘーゼルナッツのクレーム・オ・ブールをロール。濃厚なトーンに合わせるため、スポンジ生地もバターをベースにヘーゼルナッツオイルと太白胡麻油を配合するレシピとしました。ヘーゼルナッツオイルは生地を焼成しても強い香りは発しませんが、複数の油脂を用いることにより複雑味が増して奥深い味わいになります。

**材料　16cm長さ4本分**

スポンジ生地→P21　全量
　ただし太白胡麻油120gを
　[無塩バター60g＋ヘーゼルナッツオイル30g
　＋太白胡麻油30g]にする
ヘーゼルナッツのクレーム・オ・ブール
　クレーム・オ・ブール→P93　800g
　クレーム・パティシエール→P35　600g
　プラリネ・ノワゼット　200g
　ヘーゼルナッツオイル　30g
　ブランデー　30g
天津甘栗　200g
栗の渋皮煮　100g
ブランデー　適量
デコレーション
　クラクラン→P93　適量
　栗のシロップ煮　5個
　粉糖　適量
　チョコレートシート→P93〈A〉　2枚
　パールパウダー（金）　適量

**下準備**
・天板に紙を敷く。

1 P21「スポンジ生地」1〜6と同様にする。

2 天板に流して軽く均し、200℃のオーブンで約10分焼く。焼きあがったら、すぐに天板からはずして冷ます。半分にカットする（30cm×40cm）。

3 ヘーゼルナッツのクレーム・オ・ブールをつくる。室温にもどして柔らかくしたクレーム・オ・ブールをなめらかにし、クレーム・パティシエール、プラリネ・ノワゼット、ヘーゼルナッツオイル[a]、ブランデーを順に加えて混ぜる。

> **point** クレーム・オ・ブールにはヘーゼルナッツオイルを少量加える。ナッツ系のオイルをエッセンスオイルとして使うと、アロマの余韻が長くなる。

4 2の生地を紙の上に焼き面を上にして横長に置き、全体に3をぬる。

5 手前から均等に、砕いた天津甘栗を2列、栗の渋皮煮を1列並べる[b]。手前から巻く。

6 生地に軽くブランデーを打ち、表面全体に3をぬり、薪の模様をつける。

7 下側面にクラクランをつけ、上に栗のシロップ煮をのせ、オーナメントを飾る。粉糖をふる。両端にチョコレートシートを貼りつけ、パールパウダーをふる。

a

b

シュー生地

## Chou à la Crème
シュークリーム

# ベースのシュー生地　バター50％＋太白胡麻油50％

シューは油脂の量が多い生地です。シュー生地における油脂の役割は、小麦粉がグルテンを形成するのを抑制して軽い口当たりにすることと、デンプンの粘性をゆるめて生地ののびをよくすること、本来配合するバターのリッチな風味を添えること。そこでこのレシピでは、バターの配合の半量を太白胡麻油に置き換え、乳由来の風味は水の半量を牛乳にすることにより補っています。焼きあがりを比べると既存のバターでつくるシュー生地と変わりはほとんどありません。生地の風味をより豊かにしたい場合は、焼成前にアーモンドのスライスやダイスをふると香ばしさが増して風味を補えます。

**材料　シュー20個分**
（もしくはエクレール16本分）

| | |
|---|---|
| 牛乳 | 110g |
| 水 | 110g |
| 無塩バター | 50g |
| 太白胡麻油 | 50g |
| グラニュー糖 | 5g |
| 塩 | 5g |
| 薄力粉 | 120g |
| 全卵 | 190g目安 |

1 牛乳と水、バター、太白胡麻油、グラニュー糖、塩を火にかけ［a］、沸騰させる。

2 火をとめて薄力粉を加え、手早く混ぜる［b］。ふたたび火にかけ、鍋底に薄く膜が張るまで練り混ぜる［c］。

3 すぐにミキサーボウル（ビーター装着）に移し、全卵を3回に分けて加えて混ぜる［d］。全卵の量は生地をすくうと逆三角形にたれる硬さを目安にして加減する［e］。

4 天板に直径5cmに絞りだし、上面をフォークで軽く格子状に押さえる。

5 表面に霧吹きをし、上火150℃／下火200℃で35分焼き、上・下火170℃にして10分焼く。さらに上火190℃で約5分焼いて焼き色をつける。

> **point**　シュー生地に植物性オイルを配合する場合は、焼成工程がポイントのひとつになる。しっかりと焼き込むことにより、バター100％の生地とかわりない焼き色と、サクッ、カリカリとした食感になる。

> **point**　バターを使わずに太白胡麻油100％でもつくることができる。その場合は焼成工程にとくに気をつけて焼き込まないと、若干表面がしっとりとした感じになりやすいので、あらかじめ小麦粉の量を少し増やすなどの配合調整をしたほうがベター。

a

b

c

d

e

> シュー生地

## シュークリーム　バター50％ ＋ 太白胡麻油50％

フィリングのクリームは、クレーム・パティシエールと生クリームを合わせたクレーム・ディプロマットで軽めの仕上がりに。クレーム・パティシエールもバターを加えない配合にしています。

**材料　20個分**

| | |
|---|---|
| シュー生地→P33 | 20個 |
| クレーム・ディプロマット→P92 | 400g |
| 粉糖 | 適量 |

1. P33「シュー生地」**1～5**と同様にする。冷めたら、上下にカットする。
2. クレーム・ディプロマットを絞り入れて、上の生地をかぶせる。粉糖をふる。

## サランボ　バター50％ ＋ 太白胡麻油50％

シュークリームのアレンジとして、キャラメルがけしたバージョン。キャラメルのほろ苦さと歯ごたえがアクセントになるため、シュー生地が多少あっさりしていても、フランス菓子のトーンになります。

**材料　20個分**

| | |
|---|---|
| シュー生地→P33 | 20個 |
| 　アーモンドスライス | 適量 |
| クレーム・ディプロマット→P92 | 400g |
| キャラメル | |
| 　グラニュー糖 | 100g |
| 　水飴 | 30g |
| 　水 | 30g |

1. P33「シュークリーム」**1～5**と同様にする（ただし、焼成前に生地にアーモンドスライスをふる）。
2. **1**の底からクレーム・ディプロマットを絞り入れる。
3. キャラメルの材料を160℃まで加熱する。
4. **3**に**2**の上部を浸し、同じ大きさのシリコン型に逆さまに入れて固める。

## 米粉のシュー生地　太白胡麻油

**材料　20個分**

| | |
|---|---|
| 生クリーム | 110g |
| 水 | 110g |
| 太白胡麻油 | 83g |
| グラニュー糖 | 5g |
| 塩 | 5g |
| 米粉 | 120g |
| 全卵 | 215g目安 |

1. P33「シュー生地」**1～5**と同様につくる。

つくり方はP33「シュー生地」と同じ。米粉の軽くさっぱりした生地をイメージし、バターは使わず太白胡麻油100％に。もちろん米油でもOK。牛乳を生クリームにかえてコクをだしている分、油脂の量は減らしています。通常のシュー生地に比べて若干硬めの練りあがりになるので、卵の量を少し増やします。

# クレーム・パティシエール | 太白胡麻油

クレーム・パティシエールにはコクとツヤをだすために仕上げにバターを加えますが、このバターも太白胡麻油にかえることができます。乳由来の風味を補うため、生クリームも配合。トータルで脂肪分が上がるため、炊きあがりから落ち着くとクレーム・ムースリーヌのようなリッチなコクとテクスチャーになります。

材料　約580g分
- 卵黄　72g
- グラニュー糖　36g
- プードル・ア・クレーム　30g
- 牛乳　240g
- 生クリーム　180g
- バニラビーンズ　少量
- 太白胡麻油　24g
- バニラオイル　6g

1 卵黄とグラニュー糖、プードル・ア・クレームをブランシールする。
2 鍋に牛乳と生クリーム、バニラビーンズを入れて沸かす。
3 1に2を加えて混ぜ、漉して鍋にもどして火にかける[a]。たえず混ぜながら、コシが切れるまで炊く[b]。
4 太白胡麻油[c]、バニラオイルを加えて混ぜ、きれいに混ざったら火をとめる。
　**point** 太白胡麻油を加えるとしばらくは少し分離したような状態になるが[d]、混ぜるとすぐにつながる[e]。
5 ラップをぴったりとかけ、急冷する。

a
b
c
d
e

## シュー生地の展開
バターと太白胡麻油の同割の生地でオールマイティに

| バター50％＋太白胡麻油50％のシュー生地 | → [丸く絞る] | シュークリーム、サランボ →P34 |
| 太白胡麻油のシュー生地 | → [米粉・丸く絞る] | 米粉のシュー生地 →P34 |
| バター50％＋太白胡麻油50％のシュー生地 | → [細長く絞る] | エクレール →P36 |
| バター50％＋太白胡麻油50％のシュー生地 | → [小さく丸く絞る] | プロフィトロール →P38 |

シュー生地

*Éclair à la Fraise*
イチゴのエクレール

## イチゴのエクレール | バター50% ＋ 太白胡麻油50%

イチゴのクレーム・パティシエールとイチゴをフィリングにし、フォンダンで仕上げたエクレール。クラシカルな仕立てですが、フィリングのクレーム・パティシエールはバターを使わないことをメリットとしてとらえ、イチゴのフレッシュ感がある軽い風味と口溶けにしています。仕上げに加える太白胡麻油は無味無香なので、イチゴピューレの風味やリキュールの香りがクリアです。

### 材料　10本分

- シュー生地→P33　10本
- イチゴのクレーム・パティシエール
  - 卵黄　72g
  - グラニュー糖　30g
  - プードル・ア・クレーム　30g
  - 生クリーム　180g
  - 牛乳　60g
  - イチゴピューレ　150g
  - クレーム・ド・フレーズ　30g
  - 赤の食用色素　少量
  - 太白胡麻油　24g
- イチゴ　適量
- フォンダン　適量
- バニラパウダー→P93　適量
- パールパウダー（金）　適宜

1　P33「シュー生地」**1〜3**と同様にし、口径10mmの丸口金で天板に長さ10cmに絞りだす。フォークで上面を筋状に軽く押さえる。上・下火180℃で20分焼き、さらに上火190℃で約5分焼く[a]。

2　イチゴのクレーム・パティシエールをつくる。卵黄とグラニュー糖、プードル・ア・クレームをブランシールする。生クリームと牛乳、イチゴピューレを沸騰させ、卵黄に加えて混ぜ、漉して鍋にもどす。クレーム・ド・フレーズと赤の食用色素を溶いて加え、コシが切れるまで炊く。仕上げに太白胡麻油を加えてなじむまで混ぜ、火をとめる[b]。ラップをぴったりとかけて急冷する。

3　**1**の生地の下面に少し切り目を入れる。1cm角にカットしたイチゴを入れながら、**2**を絞り入れる。

4　フォンダンを加熱し、**3**の上面を浸して固める。バニラパウダーとパールパウダーをふる。

a

b

| シュー生地 |

# Profiterole
プロフィトロール

## プロフィトロール　バター50％＋太白胡麻油50％

このプロフィトロールはシュー生地、クレーム・パティシエール、底に敷いたサブレ生地、グラサージュ・ショコラの4つのパーツに太白胡麻油を使っています。フランス菓子はいくつものパーツを組み立てて構築するものなので、それぞれのパーツは単独で味わうものではなく、互いを補い、高めあうものです。バランスさえきちんと考えれば、それらのパーツの中にバターを使わないものがあろうとも、他のパーツでフォローすることができることがわかる好例です。

### 材料　8個分
- シュー生地→P33　半量
- クレーム・ディプロマット→P92　100g
- サブレ生地→P41　直径5cm8枚
- グラサージュ・ショコラ
  - ナパージュ・ヌートル　210g
  - 水　140g
  - 転化糖（トリモリン）　25g
  - 生クリーム　10g
  - グラニュー糖　125g
  - ココアパウダー　40g
  - 板ゼラチン　10g
  - ブラックチョコレート（カカオ分70％）　35g
  - 太白胡麻油　25g
- クレーム・シャンティイ→P92　適量
- アーモンドスライス　適量
- チョコレートシート→P93〈A〉　適宜
- パールパウダー（金）　適宜

1. P33「シュー生地」1〜4と同様にし（ただし、直径2.5cmに32個絞る）、表面に霧吹きをして上・下火180℃で20分焼き、上火190℃／下火150℃に上げて約5分焼く。
2. サブレ生地はP41「サブレ生地」1〜5と同様にし、厚さ3mmにのばしてピケし、直径5cm丸型で8枚ぬく。160℃のオーブンで約15分焼く。
3. 1の生地の底から、クレーム・ディプロマットを絞り入れる。
4. グラサージュ・ショコラをつくる。ナパージュと水、転化糖、生クリームを沸騰させる。グラニュー糖とココアパウダーを混ぜ合わせ、沸かしたナパージュ少量を加えて混ぜ、これをナパージュにもどして混ぜる。ふたたび沸騰させ、火をとめてもどしたゼラチンを加えて溶かす。チョコレートを湯煎で溶かし、太白胡麻油を加えて混ぜ合わせ、ナパージュを加えて混ぜる。バーミックスで撹拌してから、漉す。

　**point**　グラサージュ・ショコラのツヤだしにはサラダ油を使うのが一般的だが、良質なオイルという意味で太白胡麻油を使用している。

5. 4に3のプティシューの上面を浸し、余分なグラサージュを切って固める[a]。
6. カルトンに2のサブレ生地を置き、中心にクレーム・ディプロマットを少量絞る[b]。まわりに5のシューを3個のせる[c]。
7. シューの間に8分立てにしたクレーム・シャンティイを星口金で絞り[d]、5のシュー1個を上にのせる。アーモンドスライスをちらし、チョコレートシートを飾り、パールパウダーをふる。

a

b

c

d

サブレ生地

*Pâte sablée*
サブレ

## ベースのサブレ生地　　バター75％＋太白胡麻油25％

バターと太白胡麻油を合わせて使い、コーンスターチも配合してサブレ生地をつくりました。キメが細かく、歯ごたえがとても軽快で、サックリ、サクサクとします。味わいはバターの風味もしつつ、少し軽めになります。焼成後の日数がたって落ち着くと、バターと太白胡麻油の双方のよさがよくでて軽いハーモニーになります。タルト生地としても、プティ・ガトーの底生地などにも、クッキーにも使えます。

**材料　生地約630g分**

- 無塩バター　165g
- グラニュー糖　95g
- 塩　4g
- 太白胡麻油　53g
- 卵黄　8g
- 薄力粉　250g
- コーンスターチ　52g
- バニラパウダー　1つまみ

**下準備**

・バターは室温にしばらくおき、力を入れて押すと指が入るくらいの硬さにする。

**1** ミキサーボウル（ビーター装着）にバター、グラニュー糖、塩を入れてなじむまで混ぜる[a・b]。冬季など室温が低く、バターが硬くなって混ざりにくい場合は、ボウルをガスバーナーで数秒ずつ温めるなどして調整する。

**2** 太白胡麻油を数回に分けて加えてなじむまで混ぜる[c・d]。

　**point**　バターの温度によっては太白胡麻油が分離することがあるので、はじめにバターとグラニュー糖をなじませてから、数回に分けて加えたほうが失敗がない。

**3** 卵黄も加えて混ぜる[e]。

**4** 粉類を一度に加えて混ぜる[f]。まとまればいいので[g]、混ぜすぎないように。

**5** ひとつにまとめてラップで包み[h]、冷蔵庫で一晩やすませる。

**6** 用途に応じて生地をのばして使う（打ち粉は適宜）。

底生地用に焼いたサブレ生地。P38「プロフィトロール」に用いている。

サブレ生地

*Tarte aux Fraises*
イチゴのタルト

## イチゴのタルト  バター75％＋太白胡麻油25％

サブレ生地にクレーム・ダマンドを絞り入れて焼き、フレッシュなイチゴで仕上げました。バターと太白胡麻油を配合したサブレ生地の軽い食感と、クレーム・ダマンドのねっちりとしたテクスチャーの落差が食感のアクセントとしてきいています。

**材料　直径6.5cm×高さ1.6cmタルトリング7個分**

- サブレ生地→P41　280g
- クレーム・ダマンド→P92　175g
- フレーズ・デ・ボワ（冷凍）　28粒
- 粉糖　適量
- フランボワーズコンフィチュール　適量
- クレーム・ディプロマット→P92　400g
- イチゴ　21個
- クレーム・シャンティイ　適量
- チョコレートシート→P93〈B〉　適宜
- パールパウダー（赤）　適宜
- エディブルフラワー（デンファレ）　適宜

1 P41「サブレ生地」**1**〜**5**と同様にする。

2 **1**の生地を厚さ3mmにのばし、ピケする。

3 丸型でぬいてタルトリングに敷き込み[a・b]、余分な生地を切り落とす[c]。

4 クレーム・ダマンドを25gずつ絞り入れ[d]、フレーズ・デ・ボワを4粒ずつ解凍せずにクレーム・ダマンドに埋め込む[e]。

5 170℃のオーブンで15〜20分焼く[f]。冷ます。

6 サブレ生地の上に粉糖をふる。フランボワーズコンフィチュールを熱し、クレーム・ダマンドの上に薄くぬる。

7 クレーム・ディプロマットを**6**の中央にこんもりと絞る。

8 イチゴを縦半分にカットし、クレームのまわりに6切れ並べる。イチゴに熱したフランボワーズコンフィチュールをぬる。

9 上に8分立てにしたクレーム・シャンティイをモンブラン口金で絞る。チョコレートシートを飾ってパールパウダーをふり、エディブルフラワーを添える。

サブレ生地

*Tarte au Kaki*
柿のタルト

## 柿のタルト | バター75%＋太白胡麻油25%

サブレ生地のアレンジとして、スパイスミックスを加えてエキゾチックなタルトをつくりました。バター100%でつくる既存のサブレ生地よりも、スパイスの爽やかな香りがよくでてきます。フルーツは柿以外にも、和梨や桃、ブドウなどもよく合います。

**材料　直径6.5cm×高さ1.6cmタルトリング7個分**

| | |
|---|---|
| サブレ生地→P41 | 280g |
| 　スパイスミックス | 5g |
| クレーム・ダマンド | 175g |
| 黒イチジクペースト | 175g |
| 粉糖 | 適量 |
| クレーム・ディプロマット→P92 | 200g |
| 柿 | 適量 |
| ナパージュ・ヌートル | 適量 |
| カソナード | 少量 |
| 黒コショウ | 少量 |
| 糸トウガラシ | 適宜 |

・スパイスミックスはシナモンをベースにカルダモン、メース、スターアニス、ジンジャー、クローヴをミックスしたパウダー製品を使用。

1 P41「サブレ生地」**1**～**5**と同様にする（ただし、スパイスミックスはあらかじめ粉類と合わせてふるう）。
2 **1**の生地を厚さ3mmにのばし[a]、ピケする。
3 丸型でぬいてタルトリングに敷き込み、余分な生地を切り落とす。
4 クレーム・ダマンドを25g絞り入れ、黒イチジクペーストを25gずつ中央にのせてクレーム・ダマンドに埋め込む[b]。
5 170℃のオーブンで約25分焼く。冷ます。
6 サブレ生地の上に粉糖をふる。
7 クレーム・ディプロマットを**6**の中央にこんもりと絞る。
8 柿の皮をむき、1.5cm角にカットする。クレームを覆うように6～8切れのせる。
9 柿にナパージュをぬる。カソナードをふり、黒コショウを挽く。糸トウガラシを添える。

**point** 完熟した柿ならばフレッシュのまま使う。まだ硬めで甘みがたりない場合は、カットした柿にカソナードをふり、ガスバーナーで表面を香ばしくキャラメリゼする。

a

b

サブレ生地

# Sablé au Noix de Coco
### ココナッツサブレ

## ココナッツサブレ | バター50％＋ココナッツオイル50％

サブレ生地をココナッツオイルでアレンジ。ココナッツオイルは25℃以下では液体ではなく硬めのポマード状なので、既存のバターとイメージが近く、サブレ生地には使いやすい油脂です。ココナッツの風味もおだやかなので、上品な香りを楽しめるサブレに仕上がります。

**材料　約60枚分**
ココナッツサブレ生地
　無塩バター　110g
　グラニュー糖　95g
　塩　4g
　ココナッツオイル　110g
　卵黄　8g
　薄力粉　250g
　コーンスターチ　52g
　バニラパウダー　1つまみ

1. P41「サブレ生地」**1**〜**5**と同様につくる（ただし、太白胡麻油をココナッツオイルにかえる）。
2. 台上に取りだしてまとめ、直径3cmの棒状に形を整える[a]。ラップで包み、冷蔵庫で一晩やすませる。
3. 厚さ9mmにカットする。
4. 天板に並べ、160℃のオーブンで約18分焼く。

a

### サブレ生地の展開
バターをベースに他のオイルを配合してアレンジ

| サブレ生地 | 追加 | 成形・焼成 | 製品 |
|---|---|---|---|
| バター75％＋太白胡麻油25％のサブレ生地 | | ［プレーン・タルトリングに敷き込んで焼成］ | イチゴのタルト →P42 |
| | ＋スパイス | ［スパイスフレーバー・タルトリングに敷き込んで焼成］ | 柿のタルト →P44 |
| | ＋チョコチップ | ［チョコチップ・直径3cmで焼成］ | ディアマン →P50 |
| バター50％＋ココナッツオイル50％のサブレ生地 | | ［ココナッツフレーバー・直径3cmで焼成］ | ココナッツサブレ →P46 |
| バター70％＋白練りごま22％＋太白胡麻油6％のサブレ生地 | | ［セサミフレーバー・2×4cm角で焼成］ | セサミサブレ →P48 |
| バター75％＋オリーブオイル25％のサブレ生地 | | ［タルト型で焼成］ | キノコのキッシュ →P52 |

サブレ生地

# Sablé au Sésame
セサミサブレ

# セサミサブレ

バター70％＋白練りごま22％＋太白胡麻油6％

サブレ生地を練りごまでアレンジ。練りごまは油脂分が約55%と多く、ココナッツオイルと同様、ある程度の硬さがあるため生地に練り込みやすいのがメリット。ただし、この硬さはごまの食物繊維によるものなので、ザラつくようなテクスチャーが若干生地に加わります。焼きあがりはごまそのものよりもナッティな香りの印象で、ごまの繊維分のおかげで若干もろもろとした口当たりになります。このイメージに合わせて焙煎小麦フスマも配合しています。

### 材料　約60枚分

**セサミサブレ生地**
- 無塩バター　165g
- グラニュー糖　60g
- 塩　4g
- 白練りごま　50g
- 太白胡麻油　15g
- 卵黄　7g
- 薄力粉　230g
  - コーンスターチ　52g
  - 焙煎小麦フスマ　20g

**ぬり卵**
- 全卵　20g
- 卵黄　20g

白ごま、黒ごま　各適量
白ザラ糖　適量

・小麦フスマは→P53。

### 下準備
・練りごまの繊維質と油脂分が分離している場合は、均一に混ぜてから使う。ハンドブレンダーで攪拌してもいい。

1. P41「サブレ生地」**1**と同様にする。
2. 白練りごまを2回に分けて加えて混ぜる[a]。
3. 太白胡麻油を加えて混ぜる[b・c]。

   **point** サクサクした軽さをだすために液体油脂の太白胡麻油も配合。量が少ないので一度に加えていい。

4. P41「サブレ生地」**3～5**と同様にする[d・e]。
5. 厚さ8mmにのばし、2cm×4cmにカットする。
6. 天板に並べ、ぬり卵をぬり、白・黒ごま、白ザラ糖をふる。160℃のオーブンで約15分焼く。

a

b

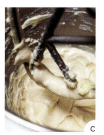
c

d

e

このセサミサブレ生地は、タルト生地としても使える。ほんのりとナッティな香りがしてクレーム・ダマンドともよく合う。

サブレ生地

*Diamant*
ディアマン

## ディアマン | バター75％＋太白胡麻油25％

バターと太白胡麻油を使ったサブレ生地は、シンプルな焼き菓子としても十分通用します。軽い風味を生かし、チョコチップでアクセントをつけてディアマンを焼きあげました。

材料　約60枚分
サブレ生地→P41　630g
　チョコチップ　100g
　グラニュー糖　適量

1 P41「サブレ生地」**1**〜**5**と同様にする（ただし、粉が混ざりきらないうちにチョコチップも加えて混ぜる）。
2 台上に取りだしてまとめ、直径3cmの棒状に形を整える。ラップで包み、冷蔵庫で一晩やすませる。
3 水で湿らせたペーパータオル上で転がしてから、全面にグラニュー糖をまぶしつける[a]。
4 厚さ9mmにカットする[b]。
5 天板に並べ[c]、160℃のオーブンで約18分焼く。

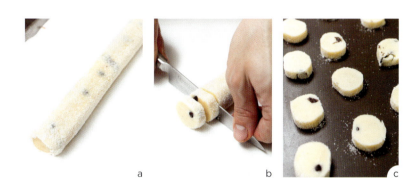

a　　　　　b　　　　　c

サブレ生地

*Quiche aux Champignons*
キノコのキッシュ

# キノコのキッシュ

バター75%＋オリーブオイル25%

サブレ生地のアレンジとして、トレトゥールのアイテムとして欠かせないキッシュをつくりました。サブレ生地はバターをベースに、トリュフ風味のオリーブオイルを油脂全体の約25%加えています。トリュフの香りは卵ととてもよく合いますが、ふつうのオリーブオイルを使ってもかまいません。

**材料　直径18cmタルト型1台分**

サブレ生地
- 無塩バター　165g
- グラニュー糖　40g
- 塩　4g
- オリーブオイル（トリュフ風味）　58g
- 卵黄　7g
- 薄力粉　230g
- コーンスターチ　52g
- 焙煎小麦フスマ　20g

ぬり卵
- 全卵　20g
- 卵黄　20g

フィリング
- マッシュルーム　3個
- シメジ　1パック
- マイタケ　1パック
- シイタケ　3枚
- エノキ　1パック
- 長ネギ　½本
- チョリソ　5本
- オリーブオイル　適量

アパレイユ
- 全卵　4個
- 牛乳　200g
- 生クリーム　100g
- 塩　1g
- 黒コショウ　1g

パルミジャーノチーズ　適量
パプリカパウダー、黒コショウ、フルール・ド・セル　各適量

**下準備**
・タルト型にオリーブオイル（分量外）を薄めにぬる。

**1** P41「サブレ生地」**1〜5**と同様にしてつくる（ただし、太白胡麻油をオリーブオイルにかえる）。厚さ3mmにのばし、型に敷き込む。

**2** 生地の上に紙を敷いてタルトストーンをいっぱいにのせ、160℃のオーブンで約20分空焼きする。いったんオーブンからだし、ぬり卵をぬり、オーブンに1、2分もどして乾かす。

**3** フィリングのキノコは食べやすい大きさにカットする。長ネギは3cm長さにカットして細切りにする。チョリソは厚さ5mmにカットする。これらをそれぞれオリーブオイルでソテーし、粗熱をとる。

**4** アパレイユの材料を混ぜ合わせ、**3**を加える。

**5** **2**の空焼きした生地に**4**を入れる。パルミジャーノを削りかける。

**6** 上火160℃／下火100℃のオーブンで約30分焼く。

**7** 仕上げにパプリカパウダー、黒コショウ、フルール・ド・セルをふる。

小麦フスマは、小麦の表皮（フスマ）を脱脂してから粉末状にし、焙煎した製品を使用。フスマ独特のうまみがあるのでキッシュ用のサブレ生地に配合している。薄力粉で同量代替してもいい。

焼き菓子

## Cake à le Bankan
晩柑のパウンドケーキ

# 晩柑のパウンドケーキ　　バター50％＋太白胡麻油50％

ドゥミ・セックは焼成後にしばらく日がたつにつれておいしくなるもの。素材同士がより深く融合して生地が落ち着くことにより独特のおいしさを醸しだすようになりますが、この過程で油脂が果たす役割は大きいものです。だからこそバターの配合量を少なくしたとしても、良質なオイルを使わなければなりません。このパウンドケーキはアーモンドパウダーで生地にコクをだし、バターの風味を補うイメージでつくりました。晩柑など柑橘類の香りは太白胡麻油を入れた生地のほうがよく立ちあがります。

材料　上寸5.5cm×18cm、底寸4.5cm×17cm、高さ4cmパウンド型4台分

| | |
|---|---|
| 全卵 | 215g |
| アーモンドパウダー | 210g |
| 粉糖 | 145g |
| 薄力粉 | 20g |
| コーンスターチ | 45g |
| ベーキングパウダー | 4g |
| 無塩バター | 75g |
| 太白胡麻油 | 75g |
| オレンジリキュール（コワントロー） | 20g |
| 晩柑ピール（スライス） | 250g |
| オレンジリキュール | 少量 |
| レモンの皮のすりおろし | 適量 |
| グラス・ア・ロー | |
| 粉糖 | 96g |
| トレハロース | 10g |
| 水 | 18g |
| オレンジリキュール | 3g |
| 柚子の皮のすりおろし、金箔 | 適宜 |

**下準備**
- 晩柑ピールは刻んでオレンジリキュールでマリネし、粉類のうち少量と合わせておく。
- 型に紙を敷く。

1. ミキサーボウル（ホイッパー装着）に全卵とアーモンドパウダー、粉糖を入れて混ぜ[a]、なじんだら高速で白っぽくなるまで泡立てる。
2. 粉類を加えて混ぜる[b]。
3. バターを溶かして太白胡麻油と合わせ[c]、2に加えて混ぜる[d]。オレンジリキュールも加える。
4. 晩柑ピール、レモンの皮のすりおろしを加えて混ぜる[e]。
5. 型に260gずつ絞り入れる[f]。170℃のオーブンで約30分焼く[g]。
6. グラス・ア・ローの材料を混ぜ合わせる。使う時に湯煎で温めて適度な濃度に調整し、絞り袋に入れる。
7. 5が冷めたら、紙をはがし、バットの上に置いた網に上下逆さまにしてのせる。6を絞りかけ[h]、すぐにパレットで均して余分を落とす[i]。柚子の皮のすりおろし、金箔でデコレーションする。

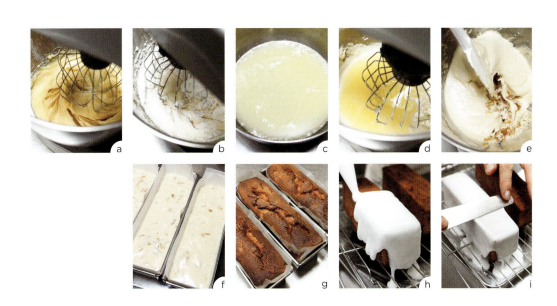

焼き菓子

*Gâteau Tigré*
ティグレ

## ティグレ　太白胡麻油

生地に入れて焼いたチョコレートチップが溶けてトラ模様になるので、ティグレ（虎）と呼ばれるフランスの焼き菓子。本来のレシピはフィナンシェをベースにしたものが多いですが、ここではマドレーヌに近い配合とつくり方にして"焼きドーナツ"的に仕上げました。バターの風味がない分、さっぱりしますが、カソナードでコクをだしつつ軽い食べ口を狙っています。オレンジとチョコレートのアレンジバリエーション→P58もおすすめです。

**材料　直径7cm焼きドーナツ型25個分**

- 全卵　144g
- 卵黄　20g
- グラニュー糖　142g
- カソナード　20g
- トレハロース　18g
- バニラパウダー→P93　少量
- 塩（フルール・ド・セル）　1つまみ
- ハチミツ　24g
- 生クリーム　40g
- ┌ 薄力粉　152g
- └ ベーキングパウダー　2g
- 太白胡麻油　158g
- バニラオイル　少量
- ブラックチョコレート　41g
- ガナッシュ
  - ブラックチョコレート（カカオ分56％）　150g
  - 生クリーム　120g
  - 太白胡麻油　20g
  - ブランデー　10g

**下準備**
・型にオイル（分量外）をぬっておく。

1. 全卵と卵黄、グラニュー糖、カソナード、トレハロースをブランシールし[a]、バニラパウダー、塩を加え、ハチミツ、生クリームも加えて混ぜる[b]。
2. 粉類を一度に加えて混ぜる[c]。
3. 太白胡麻油を加えて混ぜ[d]、バニラオイルも加える。

   **point** 太白胡麻油を加えると少し分離した状態になるが[e]、混ぜるとすぐにきれいにつながる[f]。

4. 刻んだチョコレートを加えて混ぜる[g]。
5. 型に40gずつ絞り入れる[h]。180℃のオーブンで約9分焼く[i]。
6. ガナッシュをつくる。生クリームを沸騰させ、チョコレートに一度に加える。しばらくおいてチョコレートに熱がつたわって表面が柔らかくなってきたら、中央を混ぜて乳化させる。太白胡麻油を2回に分けて加えて混ぜ、ブランデーも加えて混ぜる。さらにハンドブレンダーで撹拌してしっかりと乳化させる。ガナッシュのつくり方のポイントは→P76「フランボワーズのボンボン・ショコラ」。
7. 5が冷めたら、中央に6のガナッシュを絞り入れて固める。

焼き菓子

## ティグレのアレンジ（オレンジ） 太白胡麻油

**材料　直径7cm焼きドーナツ型12個分**

ティグレの生地→P57　半量
　ただし刻んだチョコレートは加えない
オレンジピールのコンフィ　50g
オレンジリキュール（グラン マルニエ）　少量
オレンジの皮のすりおろし　適量

1. P57「ティグレ」**1**〜**3**と同様にする。
2. オレンジピールをオレンジリキュールで和えてから、**1**に加えて混ぜる。オレンジの皮のすりおろしも加える。
3. 「ティグレ」**5**〜**7**と同様にする。

## ティグレのアレンジ（チョコレート） 太白胡麻油

**材料　直径7cm焼きドーナツ型12個分**

ティグレの生地→P57　半量
　ただし刻んだチョコレートは加えない
ブラックチョコレート（カカオ分56％）　150g
牛乳　30g

1. P57「ティグレ」**1**〜**3**と同様にする。
2. チョコレートに沸騰させた牛乳を加えて混ぜて乳化させ、さらにハンドブレンダーで撹拌してしっかりと乳化させる。
3. **1**に**2**を加えて混ぜる。
4. 「ティグレ」**5**〜**7**と同様にする。

## マドレーヌ 太白胡麻油

他にもアレンジとして、P57「ティグレ」の生地（刻んだチョコレートは加えない）にオレンジかレモンの皮のすりおろし適量を加え、マドレーヌ型に流し入れて200℃のオーブンで7〜8分焼くこともできる。さっぱりとライトなテイストのマドレーヌになる。

*Gâteau Tigré*

焼き菓子

*Gâteau aux Carottes*
キャロットケーキ

# キャロットケーキ　グレープシードオイル

キャロットケーキはアメリカの定番ケーキ。レシピはいろいろありますが、すりおろしたニンジンとサラダ油（ベジタブルオイル）を使うのが特徴です。このレシピではサラダ油のかわりに、ニンジンサラダのイメージでグレープシードオイルを使いました。米油や太白胡麻油、好みでナッツ系のオイルでもつくれます。

**材料　直径6.5cm紙製マフィンカップ8個分**

- ニンジン　正味225g
- ショウガ　正味2g
- ニンジン　50g
- 全卵　2個
- グラニュー糖　200g
- 塩　3g
- 薄力粉　150g
  - ベーキングパウダー　12g
  - シナモンパウダー　4g
- グレープシードオイル　130g
- クルミ　60g
- 粉糖　適量

1. ニンジンは皮をむき、ハンドブレンダーやフードプロセッサーなどでピュレ状にし（もしくはすりおろす）、水分を切って計量する[a]。ショウガも皮をむいてすりおろす。
2. 別にニンジン50gを7mm角にカットし、電子レンジで加熱して冷ましておく。
3. ボウルに全卵とグラニュー糖、塩を入れてブランシールし[b]、粉類を加えて混ぜる[c]。
4. グレープシードオイルを3回に分けて加えて混ぜる[d]。
5. **1**を加えて混ぜ[e]、クルミ、**2**も加える[f]。
6. マフィンカップに100gずつ絞り入れる。170℃のオーブンで約35分焼く。冷めたら粉糖をふる。

シフォンケーキ

# Gâteau Chiffon aux Noisettes
クルミのシフォン

　もともと液体油脂でつくるシフォンケーキですが、サラダ油ではなく、オイルも
こだわりをもってセレクトすれば商品価値を上げることができます。このレシピ
ではクルミのハーモニーを増すために、フランス産のクルミオイルを使いました。
クルミオイルを入れることによって、明らかなクルミ味になるわけではありませ
んが、余韻のある奥深い風味になります。生地に入れる素材や仕上げのテイス
トに合わせてオイルを使い分けると、シフォンで表現できる幅が広がります。

# クルミのシフォン

クルミオイル80％＋太白胡麻油20％

**材料　口径10cmシフォン型8台分**

卵黄　88g
グラニュー糖　25g
クルミオイル　60g
太白胡麻油　15g
バニラオイル　2g
水　75g
A ┌ 卵白　225g
　├ グラニュー糖　113g
　└ 塩　0.5g
バニラパウダー→P93　1g
┌ 薄力粉　100g
└ コーンスターチ　12g
┌ クルミ（粗く砕く）　25g
└ 薄力粉　5g
キャラメル
　グラニュー糖　130g
　生クリーム　130g
クルミのキャラメリゼ
　グラニュー糖　100g
　クルミ　60g
クレーム・シャンティイ→P92　2000g

**下準備**
・シフォンケーキのクルミは、薄力粉をまぶす。
・クルミオイルと太白胡麻油を合わせる。

**point** クルミオイルだけでもつくれるが、少し太白胡麻油を加えることで軽さを意識している。

1. ミキサーボウル（ホイッパー装着）に卵黄とグラニュー糖を入れ、高速で泡立てる。

2. 白っぽくなってきたら、クルミオイルと太白胡麻油を4回くらいに分けながら加えて混ぜる[a]。バニラオイルも加える。

   **point** 油脂は少量ずつ加えてきちんと乳化させる[b]。乳化がたりないと、あとから水を加えると生地がダレてしまう。

3. 水を少しずつ加えて混ぜ[c]、10分ほど泡立ててしっかりと乳化させる[d]。

4. 別にAを高速で泡立ててメレンゲをつくる。緻密でピンと角が立つメレンゲができる[e]。

5. 4に3を加えてゴムベラでざっくりと混ぜ[f]、バニラパウダーを加える。

6. 粉類を少しずつ加えながら混ぜ[g]、クルミも加える[h]。

7. 型に90gずつ入れ[i]、170℃のオーブンで約30分焼く。すぐに型を逆さまにして冷ます[j]。

8. キャラメル。グラニュー糖を加熱してキャラメルをつくり、火をとめてすぐに生クリームを加えてのばす。

9. クルミのキャラメリゼ。グラニュー糖を160℃まで加熱し、火をとめてクルミを加えて1粒ずつほぐれるまで木ベラで混ぜる。中火で結晶化した糖がキャラメル状になるまで混ぜながら加熱する。シリコンマットにあけ、ほぐして冷ます。粗く砕く。

10. 7を波刃包丁で上下半分にカットする。

11. 上の生地の切り口に8分立てにしたクレーム・シャンティイを薄めにぬり、8のキャラメルをぬり、9のクルミのキャラメリゼを8粒ほどのせる。下の生地の切り口にクレーム・シャンティイを薄めにぬって重ねる。

12. 表面をクレーム・シャンティイでナッペし、中心の内側にもぬる。側面に8のキャラメルをムラをだしてマーブル状にぬる。上面にクレーム・シャンティイを少量ずつとってぬり、その上にキャラメルをぬり、9のクルミのキャラメリゼを飾る。

a　　　b

c

d

e

f　　　g

h

i　　　j

シフォンケーキ

*Gâteau Chiffon Salé aux Olives*
オリーブのシフォン・サレ

# オリーブのシフォン・サレ | オリーブオイル

オリーブオイルとジェノヴェーゼペーストでシフォン・サレをつくりました。ほんのりと甘く、少しだけソルティなので、スイーツとしても、トレトゥールの一品としても店頭に並べることができます。オリーブオイルはさまざまな香りや味わいのものがありますが、このシフォン・サレには個性があまり強すぎないオーソドックスなものがおすすめ。サラダや生ハム、マスカルポーネを添えればカフェのランチメニューにもなります。

### 材料　口径10cmシフォン型8台分

- 卵黄　88g
- グラニュー糖　25g
- オリーブオイル　75g
- 水　75g
- ジェノヴェーゼペースト　45g
- A ┌ 卵白　225g
  │ グラニュー糖　113g
  └ 塩　0.5g
- 薄力粉　100g
- 黒オリーブ（スライス）30g
- サラダ、生ハム　適宜
- マスカルポーネチーズ　適量

・ジェノヴェーゼペーストは市販品（バジル、パルミジャーノチーズ、ニンニク、塩、オイル）を使用。

### 下準備
・黒オリーブは、薄力粉のうち少量をまぶしておく。

### 作り方

1. ミキサーボウル（ホイッパー装着）に卵黄とグラニュー糖を入れ、高速で泡立てる。
2. 白っぽくなってきたら、オリーブオイルを4回くらいに分けながら加えて混ぜて乳化させる。
3. 水を少しずつ加えて混ぜ、10分ほど泡立ててしっかりと乳化させる。ジェノヴェーゼペーストも加えて混ぜる。
4. 別にAを高速で泡立ててメレンゲをつくる。
5. 4に3を加えてゴムベラでざっくりと混ぜる。
6. 薄力粉を少しずつ加えながら混ぜ、黒オリーブも加えて混ぜる。
7. 型に90gずつ入れる。170℃のオーブンで約30分焼く。逆さまにして冷ます。
8. サラダ、生ハムとともに盛りつけし、マスカルポーネを添える。

生ハムをのせてマスカルポーネを添えたアレンジ。マスカルポーネは泡立てた生クリームと合わせて軽く仕立ててもいい。

## シフォンケーキの展開　植物性オイルで生地にフレーバーの変化をだす

| オイル | 加えるもの | レシピ |
|---|---|---|
| クルミオイル80％＋太白胡麻油20％ | [クルミを入れる] | クルミのシフォン →P62 |
| オリーブオイル | [ジェノヴェーゼペースト、オリーブを入れる] | オリーブのシフォン・サレ →P64 |

フルーツやコーヒー、ティー、チョコレート、バニラなどのフレーバーを生かしたい場合は、太白胡麻油や米油でつくる

クルスティヤン

*Pâte à Strudel*
シュトゥルーデル生地

*Croustillant*
クルスティヤン

*Pâte Filo*
パート・フィロ

# シュトゥルーデル生地　太白胡麻油

クルスティヤンとはサクサク、カリカリとした小気味よい歯ざわりのこと。それはまさにパイの食感ですが、パイ生地にはたっぷりバターを使わなくてはなりません。ではバターが十分に入手できない時に、この食感のお菓子をつくるにはどうすればよいかと考えた時に思い浮かぶのが、ウィーン菓子のシュトゥルーデル生地です。液体油脂を配合し、弾力のある生地を練りあげつつも、グルテンを適度にゆるめて薄くのびるようにするのがシュトゥルーデル生地の特徴。この液体油脂はサラダ油を使うことが多いのですが、質のよいオイルを使うという視点から、太白胡麻油を配合しました。

## 材料　生地約700g分

- 強力粉　200g
- 薄力粉　200g
- 塩　10g
- 太白胡麻油　45g
- 卵黄　20g
- 水　230g

1. ミキサーボウル（フックを装着）に材料すべてを入れて混ぜ、全体がなじんだら中速にして練る。
2. 生地全体が均一になり、ハリと弾力がでるまで練る。台上に取りだしてきれいに丸め[a]、ラップで包む。常温で最低30分、もしくは5、6時間やすませる。

    **point**　生地の練りあがりは、端を少量つまんでのばすと切れずに薄くのびるのが目安。やすませる時間が長すぎてものびがわるくなるので、5、6時間をめどにする。

3. 台上でまず麺棒で無理なくのびるところまでのばす（以降は打ち粉を適宜する）。
4. 3の生地の下に両手の甲を上にしてさし入れ、生地をそのまま持ちあげる[b]。

    **point**　指で生地を破らないよう、手は軽く握る。甲を使うのは指が引っかかりにくいため。

5. 両腕を開いては閉じながら[c]、生地をまんべんなく薄くのばしていく[d]。

    **point**　生地はのびがいいので、破れることなくきれいにのびる。ある程度までのびると、生地自体の重みでさらに薄くのびていく[e]。

6. 手の甲が透けるようになるまで薄くのばす。
7. 取り板などの片端に生地の端を引っ掛けて固定し[f]、反対側まで生地をのばして同様に取り板の端に引っ掛ける[g]。
8. 用途に応じて成形する。

クルスティヤン

## *Strudel aux Pommes*
リンゴのシュトゥルーデル

シュトゥルーデル生地を使い、リンゴのフィリングを巻いて焼きあげます。本来シュトゥルーデルは焼きあがりに香りとコクをだすために溶かしバターをぬりますが、これをクルミオイルにかえています。オイルは何でもよいですが、焼きあがりに風味を添えるためナッツ系がおすすめ。このレシピではフィリングのクルミに合わせてクルミオイルを選びました。食感は軽妙ですが、バターの風味には欠ける分、アイスクリームやクレーム・アングレーズとのコンビネーションで提供します。

# Croustade aux Pommes
クルスタッド・ポム

これはフランス南西部の伝統菓子をアレンジしたもの。シュトゥルーデル生地（もしくはパート・フィロ）でフィリングを包み込み、パイのように軽い食感に焼きあげます。リンゴのシュトゥルーデルと同じフィリングで仕立てましたが、これだけ違う印象になります。

クルスティヤン

## リンゴのシュトゥルーデル | 太白胡麻油、クルミオイル

材料　約40cm長さ1本分

シュトゥルーデル生地　約100g
シナモンのクレーム・ダマンド
　　クレーム・ダマンド→P92　200g
　　シナモンパウダー　1g
リンゴのコンポート
　　リンゴのすりおろし　100g
　　レモン汁　15g
　　バニラビーンズ　1/8本
　　シナモンパウダー　10g
　　カルヴァドス　15g
ビスキュイ・ショコラのクラム　50g
リンゴのキャラメリゼ
　　リンゴ（紅玉）　1個
　　グラニュー糖　30g
　　レーズン　40g
　　カルヴァドス　20g
リンゴ（紅玉）　2個
クルミオイル　適量
バニラパウダー→P93　適量
グラニュー糖　適量
粉糖　適量

下準備
・ビスキュイ・ショコラのクラムは2cm角くらいに砕く。

1 クレーム・ダマンドとシナモンパウダーを混ぜて、シナモンのクレーム・ダマンドをつくる。
2 リンゴのコンポート。カルヴァドス以外の材料を火にかけ、水分がほぼなくなるまで加熱する。仕上げにカルヴァドスを加える。
3 リンゴのキャラメリゼをP72「リンゴのパイ仕立て」5と同様につくる（ただし、リンゴは8等分にしたあと3つにカットする）。
4 リンゴは皮をむいて4等分にカットし、厚さ3mmのイチョウ切りにする。
5 シュトゥルーデル生地をP67「シュトゥルーデル生地」3〜7と同様にしてのばす。
6 取り板を縦長に置き、生地の手前を少しあけて1のシナモンのクレーム・ダマンドを絞る。上に2のリンゴのコンポートを絞る[a]。
7 ビスキュイ・ショコラのクラムをのせる[b]。
8 3のリンゴのキャラメリゼを並べ[c]、クルミをのせる。
9 4のリンゴを並べる[d]。
10 生地とリンゴにクルミオイルをハケで多めにぬる[e]。生地全体にバニラパウダー、グラニュー糖をふる。
11 取り板に引っかけた生地の端をはずし、手前から生地を持ちあげてフィリングを巻く[f〜h]。

point 生地はのびがよいので、よほど手荒に扱わない限り破れたりすることはない。

12 形を整え[i]、生地の両端をねじる（ねじり取ってもいい）。
13 生地全体にクルミオイルを多めにぬり[j]、バニラパウダー、グラニュー糖をふる。
14 天板にのせ、170℃のオーブンで約40分焼く。焼きあがりにもクルミオイルをぬる。冷めたらカットし、粉糖をふる。

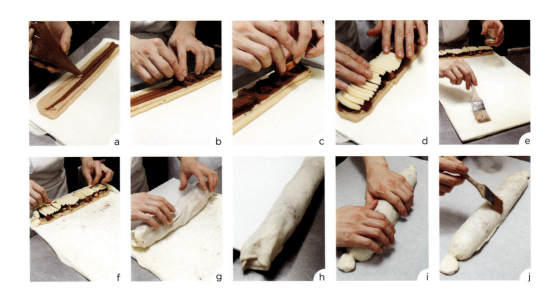

## クルスタッド・ポム | 太白胡麻油、クルミオイル

材料　上径7.5cm×高さ2cm
タルトレット型5個分

| | |
|---|---|
| シュトゥルーデル生地 | 約100g |
| シナモンのクレーム・ダマンド | |
| 　クレーム・ダマンド→P92 | 100g |
| 　シナモンパウダー | 0.5g |
| リンゴのコンポート→P70 | 50g |
| ビスキュイ・ショコラのクラム | 25g |
| リンゴのキャラメリゼ | |
| 　リンゴ（紅玉） | 1½個 |
| 　グラニュー糖 | 45g |
| 　レーズン | 60g |
| 　カルヴァドス | 30g |
| カソナード | 適量 |
| 粉糖 | 適量 |

1 シナモンのクレーム・ダマンド、リンゴのコンポート、ビスキュイ・ショコラのクラムは、それぞれP70「リンゴのシュトゥルーデル」と同様に準備する。リンゴのキャラメリゼはP72「リンゴのパイ仕立て」**5**と同様に準備する（ただし、8等分に10切れカットし、残りは1cm角にカットする）。

2 シュトゥルーデル生地をP67「シュトゥルーデル生地」**3**〜**7**と同様にしてのばす。適当な大きさにカットする。

3 **2**の生地を型にかぶせ［a］、底角を合わせて敷き込む［b］。

4 シナモンのクレーム・ダマンドを20g絞り入れ、中央にリンゴのコンポートを10g絞る。

5 ビスキュイ・ショコラのクラムを5gのせ、1cm角にカットしたリンゴのキャラメリゼを5切れのせる［c］。

6 8等分にカットしたリンゴのキャラメリゼを2切れのせ、カソナードをふる［d］。

7 余分な生地をハサミでカットし、生地を引っ張ってなるべく薄くのばしながら［e］フィリングを包むようにかぶせる［f・g］。

8 170℃のオーブンで約30分焼く。冷めたら粉糖をふる。

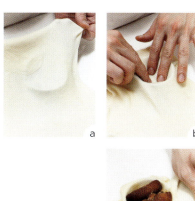

a　　　b　　　c　　　d

e　　　f　　　g

クルスティヤン

*Croustade aux Pommes*
リンゴのパイ仕立て

# リンゴのパイ仕立て　太白胡麻油

シュトゥルーデル生地よりも簡単に、サクサクとした軽い食感に焼きあげることができるのがパート・フィロ。ごく薄いパート・フィロにオイルをぬって重ね、パイ生地のように扱います。ただしパート・フィロは独特の粉っぽさのある口当たりが特徴なので、パイのように何層にも重ねはせず、3枚程度にします。また、このレシピやP74「マロンのパイ仕立て」のようにクレーム・ダマンドを絞り入れて、しっとりめに焼きあげるのが向いています。パート・フィロにカソナードをふったり、オレンジの皮のすりおろしをふったりしてもいい風味に焼きあがります。

**材料　上径7.5cm×高さ2cm　タルトレット型6個分**

| | |
|---|---|
| パート・フィロ（40cm×30cm） | 3枚 |
| 太白胡麻油　適量 | |
| クレーム・ダマンド→P92 | 150g |
| リンゴのコンポート→P70 | 60g |
| カルヴァドス　適量 | |
| リンゴのキャラメリゼ | |
| 　リンゴ | 1個 |
| 　グラニュー糖 | 100g |
| 　レーズン | 20g |
| 　カルヴァドス | 10g |
| 三温糖　適量 | |
| アプリコットジャム　適量 | |
| シュトロイゼル→P93　適量 | |
| 粉糖　適量 | |

1. パート・フィロに太白胡麻油をハケでごく薄くぬり、3枚重ねる[a〜c]。6等分（約13cm×15cm）にカットする[d]。

   **point** オイルは接着用なので、ごく薄くぬる。パート・フィロはとても乾燥しやすいので、ぬれフキンをかけておく。

2. 1を型に敷き込む。型にのせて底角を密着させながら[e]側面に貼りつけ[f]、余った部分にヒダを入れてきれいに成形する[g]。型の縁よりも生地が1cmくらい高くなるようにする[h]。

   **point** 縁が厚くなりすぎると焼きあがりがガリガリと硬い食感になるので、ヒダの寄せ方は適度に。

3. クレーム・ダマンドを25g絞り入れ[i]、リンゴのコンポートを中央に10gのせる。

4. 170℃のオーブンで約25分焼く。焼きあがったら[j]、カルヴァドスを打つ。

5. リンゴのキャラメリゼをつくる。リンゴは皮をむき、8等分にカットする。フライパンでグラニュー糖をキャラメリゼし、リンゴ、もどしたレーズン、カルヴァドスを入れてからめる。

6. 5に三温糖をふってガスバーナーで焦がし、4に3切れのせる。

7. リンゴに熱したアプリコットジャムをぬり、シュトロイゼルをのせ、粉糖をふる。

a　b　c　d　e
f　g　h　i　j

クルスティヤン

*Croustade aux Marrons*
マロンのパイ仕立て

## マロンのパイ仕立て　太白胡麻油

これもパート・フィロを使ったパイ仕立て。シナモン風味のクレーム・ダマンドと栗の渋皮煮をカリカリッと軽い生地で包んで焼きあげます。

材料　上径5.5cm×高さ5cm
プリンカップ6個分

パート・フィロ（40cm×30cm）　3枚
シナモンのクレーム・ダマンド
　クレーム・ダマンド→P92　120g
　シナモンパウダー　3g
栗の渋皮煮　60g
マロンペースト　120g
アプリコットジャム　適量
グラス・ア・ロー
　粉糖　60g
　水　5g
　ラム酒　5g
粉糖　適量

1 P72「リンゴのパイ仕立て」1と同様にする。
2 クレーム・ダマンドとシナモンパウダーを混ぜる。
3 1の中央に2を20g絞り、砕いた栗の渋皮煮を10gのせ、マロンペーストを20g絞る[a]。
4 パート・フィロの対角を合わせ[b]、軽くヒダを寄せながらフィリングを包む[c]。このままプリンカップに入れる[d]。
5 180℃のオーブンで約30分焼く[e]。
6 熱したアプリコットジャムをぬり、グラス・ア・ローを紙でつくったコルネで絞りかける。粉糖をふる。

a　　　b　　　c　　　d　　　e

## クルスティヤンの展開　シュトゥルーデル生地とパート・フィロを活用

| 生地 | 技法 | レシピ |
|---|---|---|
| シュトゥルーデル生地 | → [フィリングを巻く] | リンゴのシュトゥルーデル →P68 |
| シュトゥルーデル生地 | → [フィリングを入れて包む] | クルスタッド・ポム →P69 |
| パート・フィロの生地 | → [型に敷き込む] | リンゴのパイ仕立て →P72 |
| パート・フィロの生地 | → [フィリングを包んで型に入れる] | マロンのパイ仕立て →P74 |

| ショコラ |

## Bonbon Chocolat aux Framboises
### フランボワーズのボンボン・ショコラ

　ガナッシュには最後にツヤだしのためのバターを加えますが、これを太白胡麻油にかえてつくります。バターと太白胡麻油の共通点はどちらもチョコレートに相応しいうまみがあること。相違点はバターには風味と香りがあり、太白胡麻油は無色で無味無香だということです。この点で太白胡麻油はカカオの持ち味やフランボワーズのフレッシュ感のある酸味などを引き立てることができます。チョコレートの銘柄などによって乳化状態は差があるので一概にはいえませんが、既存のバターの配合を太白胡麻油にかえる場合は、少し分量を減らすのを目安にします。このレシピではハンドブレンダーで乳化させていますが、ガナッシュのつくり方はつくり手それぞれの手法を用いてください。

# フランボワーズのボンボン・ショコラ　太白胡麻油

材料　30個分

ガナッシュ
　ブラックチョコレート（カカオ分40％）　315g
　生クリーム　75g
　フランボワーズピューレ　90g
　水飴　45g
　太白胡麻油　10g
　クレーム・ド・フランボワーズ　18g
ブラックチョコレート（カカオ分58％）　適量
パールパウダー（赤）　適量

1. 鍋に生クリームとフランボワーズピューレ、水飴を入れて沸騰させる[a]。
2. ボウルにチョコレート（フェーブ形のチョコレートでない場合は大きめに切る）を入れ、1の全量を漉しながら注ぎ入れ[b]、しばらくそのままおく[c]。
3. チョコレートに熱がつたわって表面が柔らかくなってきたら[d]、泡立て器で中央を混ぜる[e]。
4. 全体が乳化して粘りがでたら[f]、太白胡麻油を2回に分けて加えて同様に混ぜる[g]。

   **point** 乳化状態を安定させるため、オイルやアルコールは半量ずつ加え、はじめに加えた分がきちんと乳化してから次を加える。

5. クレーム・ド・フランボワーズを2回に分けて加えて同様に混ぜる[h]。
6. さらにハンドブレンダーで撹拌してしっかりと乳化させる[i・j]。

   **point** 極力空気を入れないように（とくにボンボン・ショコラ用のガナッシュをつくる時には、腐敗劣化を防ぐために空気を入れないように注意することが必要）。十分に乳化すると、明らかにツヤが増す。

7. チョコレート用デコシート（凹凸）上に高さ1.3cmのバールを置いて枠をつくり、6を流して平らに均す。室温に1日おいて固める。
8. ギッターで2cm×3cmにカットする。
9. チョコレートをテンパリングする。
10. 8の凹凸がある面から9をコーティングする。パールパウダーをふる。

ショコラ

## Truffe Chocolat Blanc à l'Orange
オレンジのトリュフ・ショコラ・ブラン

# オレンジのトリュフ・ショコラ・ブラン     太白胡麻油

P76「フランボワーズのボンボン・ショコラ」と同様、ガナッシュのバターを太白胡麻油にかえ、ホワイトチョコレートのやさしい味わいやオレンジのフレーバーを生かしています。柑橘類やベリー系のフルーツの風味を生かしたショコラにはとくに太白胡麻油がおすすめです。

### 材料　約33個分

ガナッシュ
　ホワイトチョコレート　200g
　生クリーム　100g
　転化糖（トリモリン）　15g
　オレンジの皮のすりおろし　1/8個分
　太白胡麻油　10g
　オレンジリキュール（グラン マルニエ）　5g
　オレンジピールのコンフィ（ダイス）　8g
ホワイトチョコレート　適量

1. 鍋に生クリームと転化糖、オレンジの皮のすりおろしを入れて火にかける[a]。沸騰したらすぐに火をとめ、フタをして5分おいて香りを移す。
2. ボウルに大きめに切ったホワイトチョコレートを入れる。ここに1の全量を漉しながら注ぎ入れ、しばらくそのままおく[b]。
3. チョコレートに熱がつたわって表面が柔らかくなってきたら、泡立て器で中央を混ぜる[c～e]。
4. 全体が乳化して粘りがでたら、太白胡麻油を2回に分けて加えて同様に混ぜる[f]。
5. オレンジリキュールも2回に分けて加えて同様に混ぜる[g]。
6. さらにハンドブレンダーで撹拌してしっかりと乳化させる[h・i]。
7. オレンジピールを加えて混ぜる[j]。

   **point** ガナッシュをつくるポイントはP76「フランボワーズのボンボン・ショコラ」と同様。

8. 容器に流し、常温で1日おいて固める。
9. 8を10gずつ丸める。
10. ホワイトチョコレートをテンパリングする。
11. 10を少量手にとり、9のガナッシュを転がしてごく薄くつける。これを3回くり返す。
12. 3回めのチョコレートをつけたら、網の上で転がして表面に模様をつける。

*Pistache Griotte*
ピスタッシュ・グリオット

# 第Ⅲ章
# プティ・ガトーから発想するレシピ

プティ・ガトーは複数のパーツを構築して完成するもの。それぞれのパーツは互いに協調し、高めあい、ひとつのケーキとしての個性を醸しだします。仮にこのパーツのうちのいくつかに既存レシピのバターではなく植物性オイルを使うと、ケーキの味わいはどう変化するか――全体の味のバランスを維持すれば、バターを使わないことによる"不足"感は感じさせません。この考えのもと、試みに店頭に並べているプティ・ガトーのパーツを、いくつか植物性オイルを使用する配合に変えたレシピを紹介します。プティ・ガトーとしての調和をくずさず、無理なく植物性オイルを使うことが、バター不足にうまく対応する策です。

## ピスタッシュ・グリオット　太白胡麻油

ピスタチオとグリオットチェリーの濃密な味わいの組み合わせ。ピスタチオのムースとショコラのムースに、ビスキュイ・ショコラ。クーリ・グリオットの酸味と、プラリネ・クルスティヤンの軽い食感をアクセントとして潜ませています。

**材料　直径5cm×高さ5cmセルクル15個分**

ビスキュイ・ショコラ　60cm×40cm天板1枚分
- 卵黄　88g
- グラニュー糖　50g
- 卵白　100g
- グラニュー糖　34g
- アーモンドパウダー　36g
- ココアパウダー　24g
- 薄力粉　18g
- 強力粉　18g
- 太白胡麻油　28g

1 卵黄とグラニュー糖を泡立てる（湯煎はしない）。
2 卵白とグラニュー糖を泡立ててしっかりとしたメレンゲをつくる。
3 **1**に**2**を加えて混ぜ、粉類を加えて混ぜる。太白胡麻油も加えて混ぜる。
4 天板に流して均し、200℃のオーブンで約10分焼く。
5 直径5cm、2.5cm丸型でぬく（1個に各1枚使う）。

クーリ・グリオット
- グリオットピューレ　46g
- グラニュー糖　110g
- キルシュ酒　14g
- レモン汁　20g
- 板ゼラチン　10g

1 グリオットピューレとグラニュー糖を加熱し、キルシュ酒、レモン汁を加える。もどした板ゼラチンを加えて溶かし、漉す。
2 直径3cmドーム形シリコン型に流し入れ、凍結させる。

ムース・ピスタッシュ
- 牛乳　210g
- 卵黄　90g
- グラニュー糖　45g
- 板ゼラチン　6g
- パートドピスタッシュ　60g
- 太白胡麻油　8g
- キルシュ酒　8g
- 生クリーム　210g

1 牛乳とグラニュー糖のうち少量を沸騰させ、卵黄とグラニュー糖をブランシールしたところに加えて混ぜる。鍋にもどしてクレーム・アングレーズを炊く。
2 **1**にもどした板ゼラチンを加えて溶かす。
3 パートドピスタッシュと太白胡麻油を混ぜ合わせ、ここに**2**を加えて混ぜる。キルシュ酒も加える。19℃に調整する。
4 生クリームを7分立てに泡立て、**3**に加えて混ぜる。ボウルを氷水にあてて濃度をつける。

ムース・ショコラ
- 卵黄　52g
- グラニュー糖　40g
- 水　40g
- ブラックチョコレート（カカオ分70％）　140g
- 生クリーム　360g

1 卵黄を泡立て、グラニュー糖と水を117℃まで加熱したシロップを注ぎ入れてさらに泡立ててパータ・ボンブをつくる。
2 チョコレートを溶かし、**1**に加えて混ぜる。
3 生クリームを7分立てに泡立て、**2**に加えて混ぜる。

プラリネ・クルスティヤン
- ミルクチョコレート（カカオ分40％）　93g
- パートドノワゼット　62g
- カカオバター　14g
- フィヤンティーヌ（サブレ生地）　156g

1　チョコレート、パートドノワゼット、カカオバターを湯煎で溶かし合わせ、フィヤンティーヌを加えて混ぜる。

アンビバージュ
- ボーメ27°シロップ　100g
- キルシュ酒　50g
- 水　30g

組み立て
- グリオットチェリー　2粒／1個

ピストレ・ショコラ
- ホワイトチョコレート　100g
- カカオバター　200g
- 緑のチョコレート用色素　少量

グラサージュ・ショコラ
- ナパージュ・ヌートル　210g
- 水　140g
- 転化糖（トリモリン）　25g
- 生クリーム　10g
- グラニュー糖　125g
- ココアパウダー　40g
- 板ゼラチン　10g
- ブラックチョコレート（カカオ分70％）　35g
- 太白胡麻油　25g

デコレーション
- グリオットチェリーのキルシュ酒漬け（半割）　2切れ／1個
- チョコレートシート→P93〈B〉　1枚／1個
- パールパウダー（金）　適量

1　ビスキュイ・ショコラにアンビバージュを打つ。
2　セルクルにムース・ピスタッシュを5分目まで入れ、スプーンを使ってセルクルの縁まですりあげる。
3　クーリ・グリオットを凍結したまま入れる。
4　直径2.5cmのビスキュイ・ショコラをのせる。
5　ムース・ショコラを絞り入れる。
6　グリオットチェリー2粒をのせる。
7　直径5cmのビスキュイ・ショコラをのせる。
8　プラリネ・クルスティヤンをのせる。冷やし固める。
9　ホワイトチョコレートとカカオバターを溶かし合わせ、色素で黄緑色に着色する。
10　8の天地を逆さにしてセルクルをはずし、全体に9をスプレーガンでピストレする。
11　グラサージュ・ショコラのナパージュと水、転化糖、生クリームを沸騰させる。グラニュー糖とココアパウダーを混ぜ合わせ、沸かしたナパージュ少量を加えて混ぜ、これをナパージュにもどして混ぜる。ふたたび沸騰させ、火をとめてもどしたゼラチンを加えて溶かす。チョコレートを湯煎で溶かし、太白胡麻油を加えて混ぜ合わせ、ナパージュを加えて混ぜる。バーミックスで撹拌してから、漉す。
12　10の半分に11をかける。
13　グリオットチェリーを2切れのせる。チョコレートシートを直径3.5cm丸型でぬき、パールパウダーを吹きつけて飾る。

プティ・ガトー

## *Tranche aux Fruits*
トランシュ・オ・フリュイ

ビスキュイ・ショコラのクラムを卵、バターと植物性オイルでつなぎ、新たな生地をつくりあげます。しっとりとしていながら、クラム独特のもろもろとしたテクスチャーを感じることができ、ココアとシナモンの香り、レーズンをアクセントとしてきかせます。ブランデーが香るクレーム・シャンティイと色とりどりのフルーツで仕上げます。

## Forêt Noire
フォレ・ノワール

フランス菓子で有名なチョコレートのケーキ、フォレ・ノワール。ビスキュイ・ショコラでキルシュ風味のクレーム・シャンティイと、カカオ分の高いチョコレートを使ったビターなクレーム・シャンティイ・ショコラを2層に仕立て、プティ・ガトーにしました。

## トランシュ・オ・フリュイ | バター、太白胡麻油

**材料 8個分**

ビスキュイ・トランシュ
60cm×40cmカードル1枚分
- グラニュー糖　40g
- 水　50g
- 全卵　700g
- グラニュー糖　500g
- カソナード　60g
- 薄力粉　320g
- ココアパウダー　50g
- ベーキングパウダー　25g
- シナモンパウダー　15g
- 無塩バター　230g
- 太白胡麻油　200g
- ビスキュイ・ショコラのクラム　1435g
  生地を砕く
- レーズン　150g

1 グラニュー糖を加熱してキャラメリゼし、火をとめて水を加えてのばす。
2 全卵とグラニュー糖、カソナードをブランシールし、**1**も加えて混ぜる。
3 粉類を加えて混ぜる。
4 バターと太白胡麻油を溶かし合わせ、**3**に加えて混ぜる。
5 ビスキュイ・ショコラのクラム、レーズンを加えて混ぜる。
6 60cm×40cmカードルに入れて均す。170℃のオーブンで約40分焼く。
7 上下の焼き面を切り落とし、厚さ1cmにスライスする。

**クレーム・シャンティイ**

- 生クリーム　300g
- グラニュー糖　30g
- ブランデー　15g
- バニラエッセンス　少量

1 生クリームとグラニュー糖を8分立てに泡立て、ブランデー、バニラエッセンスを加える。

**組み立て**

- イチゴ、キウイフルーツ、マンゴー、アプリコット、フランボワーズ、ブルーベリー　各適量
- ナパージュ・ヌートル　適量
- 巨峰、エディブルフラワー（デンファレ）　適宜

1 カードルにビスキュイ・トランシュを敷き、クレーム・シャンティイを厚さ1cmにぬり広げる。さらにビスキュイ・トランシュ、クレーム・シャンティイ、ビスキュイ・トランシュの順に重ね、一番上はクレーム・シャンティイを薄めにぬる。3cm×8cmにカットする。
2 イチゴ、キウイフルーツ、マンゴー、アプリコットを5mm角にカットする。フランボワーズ、ブルーベリーは半分にカットする。
3 **1**に**2**のフルーツを盛り込み、ナパージュをぬる。巨峰、エディブルフラワーを飾る。

| フォレ・ノワール | 太白胡麻油 |
|---|---|

**材料　直径5cm×高さ5cmセルクル15個分**

ビスキュイ・ショコラ　60cm×40cm天板1枚分
- 卵黄　88g
- グラニュー糖　50g
- 卵白　100g
- グラニュー糖　34g
- アーモンドパウダー　36g
- ココアパウダー　24g
- 薄力粉　18g
- 強力粉　18g
- 太白胡麻油　28g

1. 卵黄とグラニュー糖を泡立てる（湯煎はしない）。
2. 卵白とグラニュー糖を泡立ててしっかりとしたメレンゲをつくる。
3. **1**に**2**を加えて混ぜ、粉類を加えて混ぜる。太白胡麻油も加えて混ぜる。
4. 天板に流して均し、170℃のオーブンで約10分焼く。
5. 直径5cm丸型でぬく（1個に2枚使う）。

クレーム・シャンティイ
- 生クリーム　500g
- グラニュー糖　50g
- キルシュ酒　少量
- バニラエッセンス　少量

1. 生クリームとグラニュー糖を8分立てに泡立て、キルシュ酒とバニラエッセンスを加える。

クレーム・シャンティイ・ショコラ
- 生クリーム　500g
- グラニュー糖　50g
- ブラックチョコレート（カカオ分70％）　150g
- 生クリーム　150g

1. 生クリームとグラニュー糖を8分立てに泡立てる。
2. 生クリームを沸騰させ、チョコレートに加えて混ぜて乳化させ、ガナッシュをつくる。
3. **2**に**1**を加えて混ぜる。

ガナッシュ
- 牛乳　200g
- 生クリーム　170g
- 太白胡麻油　100g
- グラニュー糖　150g
- ココアパウダー　75g
- ブラックチョコレート（カカオ分56％）　350g
- キルシュ酒　少量

1. 牛乳と生クリーム、太白胡麻油を合わせて沸騰させる。
2. グラニュー糖とココアパウダーをよくすり混ぜ、ここに**1**を加えてよく混ぜ合わせる。
3. **2**をチョコレートに加えて混ぜて乳化させ、キルシュ酒を加える。

アンビバージュ
- ボーメ27°シロップ　適量
- キルシュ酒　少量

組み立て
- グリオットチェリーのキルシュ酒漬け　4粒／1個

デコレーション
- チョコレート・コポー　適量
- ココアパウダー　適量
- グリオットチェリーのキルシュ酒漬け（ヘタ付き）　1粒／1個

1. ビスキュイ・ショコラにアンビバージュを打ち、セルクルの底に敷く。
2. クレーム・シャンティイを絞り入れ、グリオットチェリー4粒をのせ、さらにクレーム・シャンティイを少量絞る。
3. ビスキュイ・ショコラをのせ、クレーム・シャンティイ・ショコラを絞り入れて均す。いったん冷蔵庫か冷凍庫に入れて表面を締める。
4. セルクルをはずし、ガナッシュを薄くかける。
5. チョコレート・コポーを全体にまぶし、ココアパウダーをふる。グリオットチェリーを中央に飾る。

プティ・ガトー

## *Noisette Café*
### ノワゼット・カフェ

カフェの香りを抽出したムース・ショコラ・ブランをメインに、ミルクチョコレートのガナッシュ、底生地のビスキュイ・ノワゼット、フィヤンティーヌを入れてサクサクとした歯ごたえをだしたプラリネ・ノワゼットで構成。ヘーゼルナッツとカフェの濃厚な組み合わせをホワイトチョコレートがやさしく包み込みます。

# Verrine Cassis
ヴェリーヌ・カシス

カシスとアールグレイのムースをヴェリーヌ仕立てに。一番下に敷き入れたビスキュイ・モワルー・ショコラは、モワルー（柔らかい）という通り、冷蔵ショーケースに保管しても口溶けよくソフトな質感を維持するため、液体油脂の植物性オイルを配合しています。

## ノワゼット・カフェ

ヘーゼルナッツオイル、太白胡麻油

**材料　40個分**

**ビスキュイ・ノワゼット**　60cm×40cm天板1枚分
- ヘーゼルナッツ　100g
- 卵白　230g
- グラニュー糖　75g
- ヘーゼルナッツパウダー　210g
- 粉糖　215g
- 薄力粉　8g
- ヘーゼルナッツオイル　20g
- 粉糖　適量

**プラリネ・ノワゼット**
- プラリネ・ノワゼット　200g
- プラリネ・アマンド　80g
- ミルクチョコレート（カカオ分40%）　80g
- ヘーゼルナッツオイル　30g
- フィヤンティーヌ（クレープ生地）　150g

**ガナッシュ・ショコラ・オレ**
- 生クリーム　225g
- ミルクチョコレート（カカオ分40%）　270g
- 太白胡麻油　10g
- ヘーゼルナッツリキュール　15g

**ムース・ショコラ・ブラン**
- 加糖卵黄　105g
- グラニュー糖　65g
- 生クリーム　250g
- 牛乳　20g
- コーヒー豆　20g
- 板ゼラチン　10g
- インスタントコーヒー　10g
- ホワイトチョコレート　215g
- モカリキュール　12g
- 生クリーム　750g

**ピストレ・ショコラ**
- ホワイトチョコレート　100g
- カカオバター　200g
- 黄・赤のチョコレート用色素　各少量

**デコレーション**
- チョコレートシート→P93〈A〉　2枚／1個
- ヘーゼルナッツのキャラメリゼ　2粒／1個

---

1. ヘーゼルナッツは160℃のオーブンで約15分ローストして冷まし、砕く。
2. 卵白とグラニュー糖を8分立てに泡立てる。
3. 2に粉類を加えて混ぜ、ヘーゼルナッツオイルを加えて混ぜる。1も加える。
4. 天板に流して均し、粉糖をふる。200℃のオーブンで約12分焼く。

1. プラリネ・ノワゼット、プラリネ・アマンド、ミルクチョコレートを湯煎で溶かし合わせ、ヘーゼルナッツオイルを加えて混ぜる。フィヤンティーヌを加える。

1. 生クリームを沸騰させ、ミルクチョコレートに加えて混ぜて乳化させる。太白胡麻油、ヘーゼルナッツリキュールを加える。ハンドブレンダーで撹拌してしっかり乳化させる。

1. 卵黄とグラニュー糖をブランシールし、合わせて沸騰させた生クリームと牛乳、コーヒー豆を漉し入れ、クレーム・アングレーズを炊く。
2. もどした板ゼラチンを加えて溶かし、インスタントコーヒーを加える。
3. 2をホワイトチョコレートに漉し入れて混ぜて乳化させ、モカリキュールを加える。
4. 生クリームを7分立てに泡立て、3に加えて混ぜる。

1. 60cm×40cmカードルにビスキュイ・ノワゼットの焼き面を下にして入れる。
2. プラリネ・ノワゼット、ガナッシュ・ショコラ・オレを順に入れる。
3. ムース・ショコラ・ブランを流し入れ、表面にコームで斜めに模様をつける。
4. ホワイトチョコレートとカカオバターを溶かし合わせ、色素でオレンジ、黄色に各色着色する。3の上面にスプレーガンで各色をピストレする。
5. 3cm×8cmにカットし、ヘーゼルナッツのキャラメリゼ2個、チョコレートシート2枚を飾る。

# ヴェリーヌ・カシス

マカダミアナッツオイル、太白胡麻油

**材料　160cc容量カップ20個分**

ビスキュイ・モワルー・ショコラ　60cm×40cm天板1枚分
　全卵　156g
　グラニュー糖　70g
　ブラックチョコレート（カカオ分58%）　50g
　転化糖（トリモリン）　15g
⎡薄力粉　78g
⎣ココアパウダー　18g
　牛乳　40g
　マカダミアナッツオイル　40g
　太白胡麻油　30g

1. 全卵とグラニュー糖をブランシールする。
2. チョコレートと転化糖を湯煎で溶かし合わせる。
3. 2に1を加えて混ぜ、粉類を加えて混ぜる。
4. 牛乳を加えて混ぜ、マカダミアナッツオイルと太白胡麻油を少しずつ加えて混ぜる。
5. 天板に流し、170℃のオーブンで約30分焼く。
6. 直径5cm丸型でぬく。

ムース・アールグレイ
　牛乳　110g
　アールグレイ茶葉　10g
　卵黄　30g
　グラニュー糖　50g
　板ゼラチン　8g
　ブランデー　8g
　生クリーム　130g

1. 牛乳とグラニュー糖のうち少量、アールグレイ茶葉を合わせて沸騰させ、火をとめて5分おいて香りを抽出する。
2. 卵黄とグラニュー糖をブランシールし、1を漉し入れる。鍋にもどしてクレーム・アングレーズを炊く。
3. 2にもどした板ゼラチンを加えて溶かし、ブランデーを加える。
4. 生クリームを7分立てに泡立て、3に加えて混ぜる。

ムース・カシス
　カシスピューレ　1000g
　バニラビーンズ　1/2本
　卵黄　320g
　グラニュー糖　60g
　板ゼラチン　32g
　クレーム・ド・カシス　180g
⎡卵白　160g
⎣グラニュー糖　280g

1. カシスピューレとバニラビーンズを沸騰させる。
2. 卵黄とグラニュー糖をブランシールし、1を加えて混ぜる。鍋にもどし、クレーム・アングレーズと同様に炊く。
3. 2にもどした板ゼラチンを加えて溶かし、漉す。クレーム・ド・カシスを加える。
4. 卵白とグラニュー糖を泡立ててしっかりとしたメレンゲをつくる。
5. 3に4を加えて混ぜる。

ソース・カシス
　カシスピューレ　200g
　ボーメ27°シロップ　60g
　クレーム・ド・カシス　20g

1. カシスピューレとシロップを合わせて加熱し、クレーム・ド・カシスを加える。

ジュレ・シトロン
　水　375g
　グラニュー糖　158g
　レモン汁　21g
　板ゼラチン　7.5g
　オレンジリキュール（コワントロー）　30g

1. 水とグラニュー糖を沸かし、火をとめてレモン汁を加える。
2. もどした板ゼラチンを加えて溶かし、漉し、オレンジリキュールを加える。
3. バットなどに流し、冷やし固める。

デコレーション
　ブルーベリー　3粒／1個
　金箔　適量

1. カップの底にビスキュイ・モワルー・ショコラを敷く。
2. ムース・アールグレイを中心に15g絞り入れる。
3. ムース・カシスを105g絞り入れる。
4. ソース・カシスを流す。ジュレ・シトロンを細かく砕いてのせ、ブルーベリーをのせる。金箔を飾る。

# 基本パーツのつくり方

## クレーム・シャンティイ

**材料**

| | |
|---|---|
| 生クリーム | 必要量 |
| グラニュー糖 | 生クリームの10%量 |

**1** 生クリームとグラニュー糖を用途に応じて泡立てる。

## クレーム・ディプロマット

**材料 400g分**

| | |
|---|---|
| クレーム・パティシエール→P35 | 300g |
| クレーム・シャンティイ→上記 | 100g |

**1** 8分立てのクレーム・シャンティイをつくる。
**2** クレーム・パティシエールに**1**を少量加えて泡立て器で混ぜてから、残りも加えて混ぜる。

## クレーム・ダマンド

**材料 約185g分**

| | |
|---|---|
| 無塩バター | 45g |
| 粉糖 | 45g |
| 全卵 | 45g |
| アーモンドパウダー | 50g |

**下準備**
・全卵は室温にもどしておく。

**1** ミキサーボウル(ビーター装着)にバターと粉糖を入れて混ぜる。
**2** 粉糖がなじんだら、全卵を少しずつ加えて混ぜる。速度は中速程度で。
**3** アーモンドパウダーを加えて混ぜる。全体が混ざればいい。
**4** 冷蔵庫で一晩やすませる。使う時に室温にもどし、混ぜてなめらかにする。

## クレーム・オ・ブール

**材料　約2100g分**

| | | |
|---|---|---|
| A | 卵黄　150g | |
| | グラニュー糖　230g | |
| | 牛乳　200g | |
| | バニラビーンズ　½本 | |
| B | 卵白　125g | |
| | グラニュー糖　250g | |
| | 水　80g | |
| 無塩バター　1100g | | |

**下準備**
・全卵は室温にもどしておく。

1. Aでクレーム・アングレーズを炊く。牛乳とグラニュー糖のうち少量、バニラビーンズを沸騰させる。卵黄とグラニュー糖をブランシールし、沸かした牛乳を加え、漉して鍋にもどしてとろみがつくまで加熱する。粗熱をとる。
2. Bでイタリアンメレンゲをつくる。卵白を泡立て、グラニュー糖と水を118℃まで加熱したシロップを少しずつ加えて粗熱がとれるまで泡立てる。
3. ミキサー（ビーター装着）でバターをポマード状にし、1のアングレーズを加えて混ぜる。
4. 2のイタリアンメレンゲを加えてゴムベラで混ぜる。

## シュトロイゼル

**材料　生地約510g分**

| |
|---|
| 薄力粉　250g |
| 無塩バター　75g |
| グラニュー糖　100g |
| シナモンパウダー　6g |
| 塩　1g |
| カカオバター　30g |
| 米油　50g |

1. ミキサー（ビーター装着）で薄力粉とバターを混ぜてそぼろ状にする。
2. グラニュー糖とシナモンパウダー、塩を合わせ、1に加えて混ぜる。
3. カカオバターを加えて混ぜ、まだまとまりきらないうちに米油も加えて混ぜる。
4. 粗めの網に通してそぼろ状にする。冷蔵庫で一晩やすませる。
5. 天板に広げ、170℃のオーブンで10～15分、全体を時々混ぜながら焼成する。

## クラクラン

**材料**

| |
|---|
| アーモンドダイス（16割）　1000g |
| グラニュー糖　100g |
| 水　100g |

1. グラニュー糖と水を合わせて118℃まで加熱してシロップをつくり、火をとめてアーモンドダイスを加える。
2. よく混ぜて白く糖化したら、シリコンマットを敷いた天板にあける。
3. 160～170℃のオーブンに入れ、時々全体を混ぜながらキツネ色になるまで12～13分火を入れる。

## チョコレートシート

**材料　約30cm×40cm大1枚分**

| |
|---|
| ブラックチョコレート（カカオ分58％）　100g |

1. チョコレートをテンパリングする。
2. 〈A〉1をOPPシート上に流し、上からもOPPシートを空気が入らないようにかぶせ、カードでごく薄くのばし広げる。常温で固める。
〈B〉1をチョコレート用デコシート（凹凸）上に流し、上からOPPシートを空気が入らないようにかぶせ、カードでごく薄くのばし広げる。常温で固める。
3. 〈A〉〈B〉ともに使う時にシートをはがし、適宜に割る。

## ボーメ27°シロップ

**材料**

| |
|---|
| グラニュー糖、水　各同量 |

1. グラニュー糖と水を合わせて加熱し、砂糖を溶かす。冷ます。

## バニラパウダー

1. 使用したバニラビーンズのサヤを乾燥させてから、ミルで粉末状に粉砕する。

レザネフォールのスタッフ
清家達也（スー・シェフパティシエ）
宮崎靖大
清水 晃
藤原里美
石毛あずさ

## 菊地賢一

1978年、神奈川県生まれ。「アルパジョン」「ヴォアラ」「季の葩」で修業後、「パーク ハイアット 東京」に5年間勤務。その後、「グランド ハイアット シンガポール」「パーク ハイアット パリ・ヴァンドーム」で海外修業を経験し、帰国して2009年に「ガトーナチュレール シュウ」のシェフ・パティシエに就任。2012年、独立開業を前に再渡仏し、「セバスチャン・ゴダール」で研修。この間には国内外のコンクールでも受賞多数、製菓学校講師や企業のアドバイザーも務める。2012年11月、オーナーシェフとして「レザネフォール」を開業。モダンクラシックなお菓子を志向する。

### パティスリー レザネフォール
東京都渋谷区恵比寿西1-21-3
tel:03-6455-0141
http://lesanneesfolles.jp

参考文献

「お菓子『こつ』の科学」河田昌子（柴田書店）
一般社団法人 日本植物油協会ホームページ
公益財団法人 日本油脂検査協会ホームページ

バターのかわりに植物性オイルを使う
パティスリーのための
バター不足対応レシピ

初版印刷　2015年2月10日
初版発行　2015年3月5日

著者Ⓒ　　菊地賢一（きくち・けんいち）
発行者　　土肥大介
発行所　　株式会社 柴田書店
　　　　　〒113-8477 東京都文京区湯島3-26-9 イヤサカビル
　　　　　営業部　　03-5816-8282（注文・問合せ）
　　　　　書籍編集部　03-5816-8260
　　　　　URL　http://www.shibatashoten.co.jp
印刷・製本　凸版印刷 株式会社

ISBN 978-4-388-06205-8
本書収録内容の無断掲載・転写（コピー）・引用・データ配信などの行為は固く禁じます。
落丁、乱丁はお取替えいたします。
Printed in Japan